일상에 당장 활용할 수 있는 만만한 글쓰기 요령 40

무적의 글쓰기

일상에 당장 활용할 수 있는 만만한 글쓰기 요령 40

무적의 글쓰기

센다 다쿠야 지음 · 이지현 옮김

글을 써야 하는
모든 순간이
만만해진다!

책밥

무적의 글쓰기

글을 써야 하는 모든 순간이 만만해진다

—

2020년 8월 15일 1판 1쇄 인쇄
2020년 8월 20일 1판 1쇄 발행

—

지은이 센다 다쿠야
옮긴이 이지현
펴낸이 이상훈
펴낸곳 책밥
주소 03986 서울시 마포구 동교로23길 116 3층
전화 번호 02-582-6707
팩스 번호 02-335-6702
홈페이지 www.bookisbab.co.kr
등록 2007.1.31. 제313-2007-126호

—

기획 권경자
진행 기획부 한혜인
디자인 디자인허브

—

ISBN 979-11-90641-14-2 (03190)
정가 14,000원

—

책밥은 (주)오렌지페이퍼의 출판 브랜드입니다.

이 도서의 국립중앙도서관 출판예정도서목록(CIP)은 서지정보유통지원시스템 홈페이지
(http://seoji.nl.go.kr)와 국가자료종합목록시스템(http://www.nl.go.kr/kolisnet)에서 이
용하실 수 있습니다. (CIP제어번호 : CIP2020031128)

"

신뢰감을 높이는 메일,

한 번에 통과하는 기획서,

팔로워를 부르는 SNS 등

일상에 당장 활용할 수 있는

만만한 글쓰기 요령 40

"

"자네 글은 날카롭더군…."

월급쟁이 시절에 모기업의 대표에게 직접 들은 말로 평생 잊을 수 없는 칭찬 중 하나다. 지금까지도 이 말을 마음에 깊이 새기며 글을 쓸 때마다 정신적인 버팀목으로 삼고 있다.

당시 사내외에서 내 글을 읽은 동료들이 꽤 자주 칭찬을 해줘서 글쓰기에 재능이 있음을 느끼고 있었다. 그러던 중 모기업의 대표이사에게까지 칭찬을 받으니 월급쟁이 생활을 청산해야 하나 싶은 생각이 들었다. 그러고는 얼마 후 작가의 길을 걷기로 결심했다. 몇 가지 사례를 더 떠올려보면 경영 컨설턴트로 근무하던 시절에 인연을 맺었던 여러 회사 대표들 중에는 나와 주고받은 메일을 보관하며 여러 번 다시 읽어보는 사람도 있다. 또 이들 중에는 내 블로그에 주기적으로 접속해서 게시글을 스크랩하는 사람도 있다.

이렇듯 주변 사람들의 좋은 평가에 힘입어 작가로 활동하고 있지만 솔직히 고백하는데 나는 학창 시절 주요 5과목 중에서 국어를 가장 어려워했다. 대학 입시에서도 마지막까지 국어를 정복하지 못하고 손을 놓고 말았다. 유명 대입 학원의 전국 모의 논술 시험에서 최하위권 점수를 받기도 했다. 그래서 대학에 입학하고 나서 제일 먼저 한 일이 바로 중학교 입시용(초등학생용으로 일본에서는 중학교 입시를 치르는 곳도 있어 입시용 교재가 별도로 존재한다) 국어 공부였다. 아무리 꼴통이라도 초등학교 과정부터 착실히 공부한다면 언젠가 평균 수준의 국어 실력을 기를 수 있을 거라고 확신했고, 무엇보다 지금 하지 않으면 평생 국어를 포기하고 외면한 채 살게 되리란 생각이 들었다. 소처럼 우직하게 한 발씩 내디딘 결과 몇 년 후

나는 대학입시센터가 출제하는 시험에서 제한 시간을 한참 남기고도 계속 만점을 기록할 만큼 탄탄한 기초 실력을 갖추게 되었다.

대학에 입학하기 전까지는 만화책 이외에 독서를 해본 적이 거의 없던 나였지만 대학생 시절 틈날 때마다 여러 분야의 책을 읽으려고 부단히 노력했다. 처음에는 한 권을 다 읽는데 며칠이 걸렸고 어떤 책이냐에 따라서 일주일 이상이 걸리기도 했다. 꾸준히 지속하다 보니 대학을 졸업할 즈음에는 한 번에 열 권씩 책을 구입해서 독파할 정도로 다독가가 되었다.

대학을 졸업한 후에는 손해보험 회사에 입사했고, 업무 특성상 매일 논리 정연한 글을 쓰다 보니 이와 관련한 글쓰기 기술을 익힐 수 있었다. 이직한 경영 컨설팅 회사에서는 상대방의 심금을 울리는 글을 재빠르게 쓰는 기술을 습득했다. 그 결과 경영 컨설팅 회사에서 근무하던 시절에는 3권의 책을 출판하기도 했다. 올해는 내가 문필가로서 독립한 지 딱 10년이 되는 해로 이 책은 158번째 저서다. 지금은 숨을 쉬듯이 편하게 글을 쓴다. 마치 손가락이 제멋대로 움직여서 책을 완성하는 느낌이 들 정도다. 좋은 글을 쓰려면 몸과 마음이 편안해야 한다. 그러기 위해서는 평소 그에 합당한 준비를 꾸준히 쌓아가면 된다.

요즘은 메일, 기획서, SNS 등 일상 속에서 글을 쓸 기회가 점차 늘어나고 있다. 그렇다 보니 문장력이 있으면 출세할 가능성이 커지고 개인적으로 행복해질 확률도 비약적으로 높아진다. 과장이 아니라 글쓰기 능력에 따라 평생 벌어들이는 수입이 억 단위로 높아질 수 있고 당신의 인기나 영향력 또한 달라질 수 있다. 적어도 앞으로 우리가 살아갈 세상에서는 글쓰기 실력이 없으면 수많은 기회를 놓치게 될 것이다.

당신의 출발점이 어느 수준이든 반드시 읽는 이의 심금을 울리는 글쓰기 수준에 도달할 수 있도록 돕고 싶다. 개인의 노력 여하에 따라 달라지겠지만 글로 먹고 사는 프로 수준의 실력까지 습득할 수 있을 정도로 역량을 끌어올려 주고 싶다. 이제껏 내가 터득하고 배운 요령과 지혜를 모두 이 책에 담았다. 이 책을 만난 것을 계기로 당신의 글쓰기 실력도 반드시 향상되길, 행복한 인생을 누릴 수 있길 바란다.

2019년 1월
미나미아오야마의 서재에서

센다 다쿠야

차례

1장. 무적의 글쓰기 요령
문장은 짧게, 의욕을 앞세우지 마라!

2장. 비즈니스 글쓰기 노하우
일단 결론부터 써라!

4장. 프로 작가가 글쓰기 전에 갖는 마음가짐과 준비
독자를 구체적으로 이미지화한다!

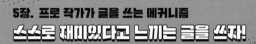

5장. 프로 작가가 글을 쓰는 메커니즘
스스로 재미있다고 느끼는 글을 쓰자!

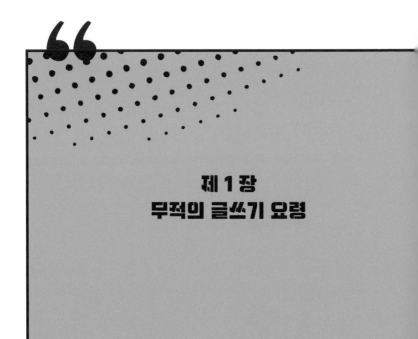

제 1 장
무적의 글쓰기 요령

문장은 짧게,
의욕을 앞세우지 마라!
"

WOW !!

글쓰기를 어렵게 만드는
범인은 당신이다

주위를 둘러보면 '나는 글을 못 쓴다', '글쓰기는 어렵다'고 말하는 사람이 상당히 많다. 나도 학창 시절에 독후감 쓰는 것이 세상에서 제일 싫었다. 항상 마감 기한에 임박해 대충 써서 제출하는 등 작문이라는 것을 제대로 해본 기억이 거의 없다. 나는 특히 그럴싸한 제목이나 이름을 붙이는 데는 귀재였지만 좀처럼 첫머리를 시작하지 못해 글쓰기를 늘 회피했다.

대학생 시절, 졸업을 앞두고 논문 작성이라는 큰 벽에 부딪혔다. 글 쓰는 일을 늘 피해왔기에 이때도 크게 노력하진 않았었다. 이런저런 참고 문헌을 짜깁기하고, 교수님의 열성적인 지도에 도움을 받으며 겨우 모양새를 갖춘 논문을 완성할 수 있었다. 하지만 사회로 나와서는 그런 방식이 통하지 않았다. 나의 첫 직장은 손해보험 회사였는데 매일 글이 빼곡한 서류를 다루는 것이 주된 업무라 더 이상 글쓰기를 외면하고 도망칠 곳이 없었다.

금융 업계는 글을 논리 정연하게 써야 인정받을 수 있는 곳이었기에 글쓰기에 대해 더 큰 부담을 느꼈다. 시간적으로도 정신적으로도 제한받는 상황 속에서 어느 날 나에게 한 줄기 빛이 찾아들었다. 글쓰기를 어렵게 만드는 범인은 금융 업계도, 회사도, 상사도 아닌 바로 나 자신이었다는 사실을 깨달은 것이다. 뒤통수를 세게 얻어맞은 기분이었다.

지금 내가 모르는 것은 쓸 수 없다. 지금 나의 역량을 뛰어넘는 글은 쓸 수 없다. 이 사실을 받아들이는 것만으로 갑자기 어깨에 짊어지고 있던 무거운 짐이 감쪽같이 사라지는 듯했다. 글을 쓸 때는 무엇보다 의욕을 앞세우지 않는 것이 중요하다는 것을 깨달았다. 의욕을 앞세우는 한 영원히 글을 잘 쓸 수 없다. 부담 없이, 내가 아는 선에서, 짧은 글을 쓰자고 결심했다.

이는 업무상의 보고서뿐만 아니라 사적인 글을 쓸 때도 마찬가지다. 당신 주변에 글을 잘 쓰는 사람이 있다면 한번 지켜보자. 아마 대부분 긴 문장이 아니라 짧고 간결한 문장을 구사할 것이다. 의욕이 앞서면 결혼식 축사처럼 글이 길어지고 지루해진다. 긴데다가 지루하기까지 하면 사람들은 읽으려고 하지 않는다. 외면한다. 발표를 잘하는 사람은 짧고 간결하게 말해 사람들에게 더 듣고 싶은 아쉬움을 남긴다. 짧은 데다가 재미있기까지 하니 사람들은 '조금만 더! 조금만 더!'를 외치고 더 많은 사람과 더 많은 돈이 몰려든다. 대개 발표를 잘 하는 사람은 글도 잘 쓰고, 발표를 못 하는 사람은 글도 못 쓴다. 이 둘의 차이는 '의욕을 앞세우느냐 앞세우지 않느냐'에 있다. 그뿐이다.

지금부터 의욕을 앞세우지 말고 글과 말은 짧은 것이 좋다는 결론을 인정하고 받아들여보자. 이렇게 부담 없이 글을 쓰는 것이 모든 글쓰기의 출발점이다.

●

의욕을 앞세우지 않는 것이 중요하다.
아는 내용만 짧고 간결하게 쓰자.

기승전결을 고집하지 마라

글쓰기에 서툰 사람 중에는 '기승전결'의 형식에 집착하는 사람이 많다. 기승전결은 글쓰기에 있어 하나의 중요한 틀이지만 모든 글을 기승전결 순으로 쓴다면 당신은 물론 주변 사람도 지칠 수 있다.

예를 들어 사업 기획서를 우등생처럼 성실하게 기승전결의 틀에 정확하게 맞춰서 작성했다고 하자. 이렇게 작성한 사업 기획서를 보며 프레젠테이션을 할 경우 결론에 이를 무렵이면 아마 모두 꾸벅꾸벅 졸고 있을 것이다. 당신이 평소에 사람들과 나누는 대화나 문자, 사적인 메일, SNS 등을 떠올려보자. 한 치의 오차도 없이 기승전결을 따르는가? 그렇지 않을 것이다. 그런데도 이해가 잘 되고 재밌다. 글도 마찬가지다. 논문이나 입시용 글을 쓸 때에는 기승전결에 따라야 하는 경우가 많지만 일상에서는 당신의 머릿속에 떠오르는 순서가 옳다.

특히 서로 속속들이 잘 아는 사이끼리는 그렇게 하는 편이 당신의 생각을 전달하기 더 좋고, 상대방도 더 쉽게 이해할 수 있다. 나처럼 글로 먹고사는 사람도 일부러 기승전결의 틀을 깨서 독자가 이해하기 쉽도록 하는 경우가 많다. 당신의 머릿속에 떠오르는 순서대로 글을 쓰는 것이 좋은 이유는 그래야 글을 읽는 사람도 당신의 사고가 남기고 간 흔적을 쉽게 따라갈 수 있기 때문이다. 책을 읽다 보면 금세 마지막 장에 다다르는 책이 있는가 하면 좀처럼 진도가 나가지 않아서 도중에 손을 놓게 되는 책이 있다. 후자의 경우 당신의 머리가 나빠서가 아니라 저자가 자신의 머릿속에 떠오른 순서대로 글을 쓰지 않았기 때문이다. 글쓴이가 쥐어짜내서 쓴 글은 읽으면서 쉽게 지치지만 글쓴이가 편안한 마음으로 물 흐르듯이 써 내려간 글은 술술 잘 읽힌다. 이제 의욕을 앞세워서 글을 쓰면 안 되는 이유와 그 중요성을 이해하겠는가?

글은 편안한 마음으로 당신이 생각나는 순서대로 쓰면 된다. 나중에 다시 읽어보고 어색한 부분이 보인다면 그때 가서 내용의 순서를 바꾸거나 문장을 수정하는 등 편집하면 그만이다. 다행히 지금은 옛날과 달리 디지털 시대라서 수기가 아니라 자판을 두들기

기만 하면 손쉽게 글을 수정할 수 있다. 의욕을 앞세우지 말고 당신의 머릿속에 떠오르는 순서대로 마음껏 글을 써보자.

●

쥐어짜내서 쓴 글은 읽기 힘들다.
편안한 마음으로 쓴 글이 읽기 쉽다.

좋아하는 작가나 만화가를
만들자

하루라도 빨리 글쓰기 실력을 향상시키고 싶다면 좋아하는 작가를 만들자. 프로 작가도 대개 그렇게 해서 작가의 길을 걷기 시작하는 경우가 많다. 꼭 프로 작가 지망생이 아니더라도 이 방법은 매우 효과적이다. 작가의 분야는 다양한데 굳이 소설가나 비즈니스서 작가일 필요는 없다. 만화가도 괜찮다. 만화라고 하면 눈살을 찌푸리는 사람도 있는데 이는 편견에 지나지 않는다. 일본 출판 업계에서 만화는 그야말로 최고의 인기 장르로 대형 출판사에서도 뛰어난 엘리트 사원이 편집을 맡는다. 이러한 편집자들이 창의적인 만화가와 함께 머리를 맞대며 작업하니 만화 속에서도 배울 점이 많다.

나는 유년 시절에 만화책을 자주 읽었는데 그 덕에 초등학생 때부터 '공격은 최선의 방어', '여실(如實)', '방불(彷彿)' 등의 고급 어휘를 일상생활에서 자연스럽게 구사했다. 즐겨 읽던 만화책 속에 등장했던 말이라 어떤 상황에서 쓰면 좋을지 곧바로 이해할 수 있었고, 평상시의 어휘력이 풍부해졌다.

물론 당신이 소설을 좋아한다면 소설가도 좋고 철학을 좋아한다면 철학자도 좋다. 비즈니스 서적이 좋다면 그 또한 상관없다. 자신이 좋아하는 작가면 된다.

여기서 중요한 것은 잘난 척하며 주변의 시선을 의식하지 않아야 한다는 점이다. 그저 저명한 작가를 선택하려 하지 말고 진심으로 자신이 좋아하는 작가를 찾자. 그렇게 마주한 작가의 글을 보다 보면 그 사람처럼 되고 싶어지며, 글 쓰는 방식을 따라 하고 싶은 충동이 생기기 마련이다. 그 본능에 따르는 것이다. 처음에는 작가의 글을 그대로 모방해도 좋고 부분적으로 좋아하는 문장만 발췌해서 써보는 것도 좋다.

좋아하는 작가의 문장을 그대로 필사하거나 어떤 부분을 발췌해서 써보는 작업은 실로 즐겁다. 마음속 깊은 곳에서 서서히 차오르는 흥분과 감동에 온몸에 전율이 돋는 듯하다. 그런 과정을 거치다 보면 내가 마치 그 작가가 된 것처럼 글을 쓸 수 있게 된다. 단순히 누군가를 흉내 내고 마는 것이 아니라 '내가 좋아하는 ○○ 작가라면 어떻게 표현했을까?'를 상상

하면서 글을 쓰는 것이다.

이렇게 좋아하는 작가가 한 명씩 한 명씩 늘어나면 작가의 특징에 당신의 개성이 가미되고 어우러져 당신만의 독특한 문체가 완성된다. 글을 색깔 있게 잘 쓰고 싶다면 당당하게 좋아하는 작가를 모방하는 것부터 시작해보자.

●

**진심으로 좋아하는 작가나
만화가의 글을 많이 접하고
필사해보자.**

일 잘하는 사람의 글을
철저하게 분석하고
탐욕스럽게 모방한다

업계나 업종에 따라서 다르겠지만 업무상 글을 쓸 때 소설에 나오는 듯한 문체를 구사하면 읽는 사람이 당황할 수 있다. 부끄럽지만 내가 예전에 그랬다. 첫 직장이었던 손해보험 회사에서는 업무 보고서를 주기적으로 작성해야 했는데 매번 반복되다 보니 너무 지루했다. 그 일을 즐겨보고자 한번은 좋아하는 소설가의 문체로 보고서를 작성해보았다. 당시 나의 은밀한

낙은 그렇게 작성한 보고서를 읽는 상사의 반응을 살피는 것이었다.

아쿠타가와 류노스케(일본의 유명한 소설가로 합리주의와 예술지상주의 작품을 주로 집필했으나 시대적 동향에 적응하지 못하고 극심한 신경쇠약에 이르러 자살하고 말았다.-옮긴이)의 문체를 모방해서 쓴 보고서는 "자네 글은 왠지 초조하다고 할까?"라는 평을 들었고, 이시카와 다쿠보쿠(일본의 낭만파 시인으로 사회주의 사상을 추구했으며 청년의 계몽을 위해 노력하기도 했다.-옮긴이)의 문체를 모방해서 썼을 때는 "자네 글은 어딘지 모르게 애절하군."이라며 숙연한 분위기까지 감돌았다. 어쨌든 소설가의 문체를 모방해서 쓴 글은 당시 회사에서 좋은 평가를 받지 못했다.

그 이후 내 보고서를 평가하던 상사가 쓴 글을 입수

해 철저하게 분석하고 자주 쓰는 어휘나 표현법 등을 완벽하게 익히기로 마음먹었다. 심사위원의 글을 모방하는 작전은 즉각적인 효과를 나타냈다. 내가 쓴 기획서는 백발백중 통과되었고 일 년도 채 되지 않아 상사의 대필 업무를 맡았다. 이 일도 어지간히 질리기 시작했을 무렵, 나는 부서에서 글쓰기에 있어 가장 평판이 좋은 선배에게도 똑같은 작전을 시도해봤다. 그랬더니 내 글에 대한 평가는 더욱더 좋아졌다.

글쓰기 실력을 향상시키는데 이 방법만큼 손쉽고 재미있는 것은 없다는 생각에 이직한 경영 컨설팅 회사에서도 같은 작전을 써보았다. 경영 컨설팅 회사는 손해보험 회사와는 다른 특징이 있었다. 문장을 논리 정연하게 쓰는 것보다 상대방의 심금을 울리는 글을 신속하게 쓸 수 있어야 했다. 그래서 나는 입사하자마자 사내에서 평판이 가장 좋은 컨설턴트를 찾아 철저하게 그의 글을 분석하고 모방했다. 그가 집필한 책들까지 모조리 구입해 글의 특징을 파악하고 여러 번 되새기며 암기하기도 했다. 역시나 이 방법은 통했고 나 또한 좋은 평판을 받을 수 있었다.

내가 몸담았던 두 회사는 각각 다른 성향의 글쓰기 능력을 요구했다. 손해보험 회사는 만일의 상황에 대처할 수 있도록 여러 갈래로 해석이 가능한 글을 선호했고, 경영 컨설팅 회사는 다소 과장된 부분이 있어도 상대방의 관심을 이끄는 글을 써야 했다. 어떤 조직에서 높은 평가 받고 싶다면 그 조직에서 인정받는 사람의 글을 모방해보자.

●

모방과 흉내는 수치스러운 일이 아니다.
성공으로 가는 지름길이다.

초등학생 수준의
어휘력을 구사하자

글쓰기가 좀 더 즐겁게 느껴지도록 하는 요령 중 하나는 바로 어휘를 늘리는 것이다. 어휘를 늘리라고 하면 노골적으로 귀찮다는 표정을 짓는 사람도 있는데 내가 말하는 어휘는 전문 서적에 등장하는 어려운 수준이 아니다. 의무 교육 수준을 말하는 것이다.

일본은 공립 고등학교에 진학하려면 입시를 치러야

하는데 성인이 된 후 다시 이 시험에 응시했을 때 국어 과목에서 만점을 받을 수 있느냐고 물으면 '그렇지 않다'고 대답하는 사람이 꽤 있다. 공립 고등학교의 입시 문제는 의무 교육의 집대성인데 말이다. 이렇듯 단순히 배우는 것과 배워서 내 것으로 만드는 것은 차원이 다른 일이다.

나는 어휘를 늘리고 싶은 사람들에게 중학교 대비용 참고서를 추천한다. 이는 초등학생이 학습하는 내용이고 의무 교육에서도 기초 수준 이전의 초보 수준이다. 서점에 가면 사자성어나 속담 등의 문제가 수록된 참고서가 있다. 집어 들었을 때 제일 얇은 것으로 일단 한 권 구입하자. 초등학교 5, 6학년이 보는 것이라고 깔보지 말자. 의외로 모르는 어휘가 많고 알고 있어도 어떤 상황에서 어떻게 써야 할지 모르는 내용이 많을 것이다.

중학교 대비용 참고서에 자주 등장하는 속담, 관용구 중 하나로 '친구 따라 강남 간다'라는 문장이 있다. 상황에 따라 다르겠지만 '어쩌다 보니', '우연히', '운 좋게'라는 표현 대신 이 속담을 쓸 수 있다면 당신은 지성을 뽐낼 수 있고, 나아가 만남의 차원이 달라질 수도 있다.

작정하고 매달리면 일주일, 천천히 공부해도 몇 개월이면 누구나 참고서 한 권을 다 볼 수 있다. 이를 습득한 사람과 그렇지 않은 사람의 삶은 천양지차다. 인류와 그 이외 생물의 삶을 살펴보았을 때 혼돈의 세상 속에 인류는 '언어'라는 장치를 통해서 질서를 창조해나가고, 그 이외 생물들은 그렇지 못했다는 큰 차이가 있다. 따라서 우리 인류의 삶에 있어 언어는 매우 중요한 부분이다.

그런데 같은 인류라도 본인의 어휘력에 따라서 삼라만상을 표현할 수 있는 범위가 확연히 달라진다. 중학교 대비용 참고서를 완벽하게 익힌다면 사회인으로서는 부끄럽지 않은 수준의 어휘를 구사할 수 있을 것이다. 어휘력이 향상되면 신기하게도 뭔가를 쓰고 싶어질 것이다. 그렇게 다양한 어휘를 활용해 글을 쓰다 보면 점차 더 높은 수준의 어휘를 익히고 싶어져 대학교 입시용 교재나 그보다 더 높은 수준의 책에까지 관심을 갖게 될 것이다. 이러한 선순환을 그리다 보면 지혜의 세계로 나아갈 수 있다.

●

초등학생용 참고서를 마스터하는 것만으로
당신의 어휘력은 비약적으로 향상될 것이다.

운명의 책을 만나면
뭔가 쓰고 싶어질 것이다

어린 시절 나는 만화가를 꿈꿨다. 초등학생 때 만화가 지망생들끼리 모여 의기투합하는 시간을 보내기도 했다. 후지코 후지오 Ⓐ(후지코 후지오는 일본 만화가 두 명이 결성한 그룹으로 대표작으로는 〈도라에몽〉이 있다. 후지코 후지오 Ⓐ는 이 그룹의 일원이었으며 그룹 해체 이후 해당 필명으로 활약하고 있다.–옮긴이)의 《만화의 길(まんがの道)》을 읽고 깊은 감명을 받아 친구들과 함께 그의

그림을 따라 그리며 내 미래의 모습을 상상하곤 했다. 얼마 못 가 만화 그리기에 싫증이 났고 다시 피구와 야구를 즐기는 평범한 초등학생으로 돌아갔지만 책 덕분에 무언가를 꿈꿔봤다는 귀중한 경험을 얻을 수 있었다.

그 이후의 삶을 회상해보면 나는 인생의 중요한 순간마다 책과 만나는 일이 잦았다. 지금 이렇게 책을 쓰는 것도 대학교 시절에 글을 쓰고 싶게 만드는 책과 만났기 때문이고 계속 작가의 삶을 이어 가는 것도 그 이후에 훌륭한 책과의 만남이 끊이지 않았기 때문이다.

물론 모든 책이 인생에 똑같은 영향을 미치지는 않는다. 몇백 권의 책을 읽으면 그중 영혼을 뒤흔드는 한두 권의 '운명의 책'과 겨우 만날 수 있을 뿐이다. 운명의 책과 만나는 순간을 알아차리는 건 어렵지 않다. 남이 가르쳐주는 것이 아니라 '아! 바로 이 책이구나!' 하고 저절로 느껴진다. 이후엔 안절부절못하고 곧바로 무엇인가 행동하고 싶어진다. 마치 누군가에게 그 감동을 전하거나 용기 내서 한 발 앞으로 내딛는 등 말이다. 그래서 나는 당신이 이것만은 꼭 알았으면 한다. 만화책도 괜찮으니 가능하면 책을 많이 읽자. 많이 읽으면 그만큼 운명의 책과 만날 확률도 높아질 것이다. 이는 내가 직접 경험한 것이기도 하고 여러 독서가가 이구동성으로 추천하는 방법이니 분명 효과가 있을 것이다.

작가라고 불리는 사람들이 왜 하나같이 독서가인가 하면 그만큼 방대한 책을 읽어서 운명의 책과 만날 수 있었기 때문이다.

화가가 그림을 계속 그리는 것은 운명의 그림과 만났기 때문이고, 가수가 노래를 계속 부르는 것은 운명의 노래와 만났기 때문이다. 당신도 당신만의 운명의 책과 만난다면 반드시 글이 쓰고 싶어질 것이다. 그러려면 일단 책을 많이 읽는 것부터 시작해보자.

●

소설이든 만화든 상관없다.
일단 활자를 많이 접해 운명의 책을
만날 수 있는 기회를 늘리자.

욕망에서 시작된 글이
사람의 마음을 움직인다

기획서나 프레젠테이션 자료 등 마감일을 반드시 지켜야 하는 글쓰기도 좀처럼 시작하지 못하는 사람이 있다. 글을 쓰려면 동기가 필요하다며 도움을 청해 온다. 하지만 글 쓰는 방법을 다룬 책을 읽어보면 글을 쓰기 위한 동기는 필요 없다고 주장하는 저자가 많다. 특히 직업 작가가 쓴 책에서 그런 경향이 짙게 나타난다. 과연 어느 쪽이 정답일까? 내가 내린 답은 이러하다. 동기가 있어야 글을 쓸 수 있는 사람에게는 동기가 필요하고 동기가 없어도 글을 잘 쓰는 사람에게는 동기가 필요 없다. 그런데 동일 인물일지라도 자신이 처한 상황이나 시기에 따라 때로는 동기가 필요하고, 어떨 땐 필요 없기도 하다. 나 역시 그러하다. 참고로 이 책을 쓸 때는 동기가 필요 없었다. 늦가을에서 겨울에 걸쳐 편안한 마음으로 담담하게 썼다.

앞에서 언급했던 '글을 쓰기 위한 동기는 필요 없다'고 주장하는 직업 작가도 아마 동기가 필요할 때도 있었을 것이다. 프로로서 멋지게 보이고 싶어서 잠시 태연한 척한 것일지 모른다.

비즈니스 문서든 사적인 글이든 만일 당신에게 글을 쓰기 위한 동기가 필요하다면 제발 겉만 번지르르한 동기만은 버리길 바란다. 억지로 만들어낸 동기는 거짓이고 고상한 이념이다. '세상을 위해서, 타인을 위해서' 글을 쓴다는 것이 바로 고상한 이념의 대명사라 할 수 있는데, 이런 동기는 의욕만 앞세울 뿐 결국 좋은 글을 쓰게 하진 못한다.

오히려 '인기가 많았으면 좋겠다', '부자가 되고 싶다' 등의 욕망을 동기로 삼는 편이 낫다. 거짓이 없기 때문에 편안한 마음으로 자연스러운 문장을 구사할 수 있고 계속해서 무언가를 써 내려갈 수 있다.

프랑스 문호인 오노레 드 발자크도, 러시아 문호인 표도르 미하일로비치 도스토옙스키도 빚을 갚기 위해 작품을 썼고, 이들 외에도 그런 이유로 글을 쓴 문호는 많다. 술독에 빠져 살거나 빚을 진 상황에서도 명작을 집필할 수 있었던 것은 천재이기 때문일지도 모르지만 아무래도 동기는 거짓된 것보다 진실된 욕망에 관한 것이 더 효과적인 것만은 틀림없는 듯하다.

고상하지 않은 동기여도 발설하지 않으면 누구도 비난하지 않을 테니 안심하자. 그리고 처음에는 욕망에 가득 찬 동기로 글을 쓰기 시작했다 해도 점차 고상한 동기로 바뀔지도 모른다. 마음속으로 고상한 이념을 품고 글을 쓰는 것은 공을 세우고 이름을 떨치고 나서 해도 늦지 않다.

●

'인기가 많았으면 좋겠다',
'부자가 되고 싶다' 등의
거짓 없는 욕망을 동기로 삼는 편이
글을 계속 쓰는데 도움이 된다.

짝사랑이라도 좋으니
사랑을 하라

이 글의 제목을 보고 '글쓰기 책에서 갑자기 웬 사랑 이야기냐'며 의아해할지도 모르지만 글과 사랑은 상당 부분 관련이 있다. 사적인 글은 물론 비즈니스 글에서도 사랑의 감정은 위력을 발휘한다.

누군가와 사랑에 빠져서 연애 중인 사람이 쓴 글에서는 재미와 매력이 느껴진다. 반면 연애와 담을 쌓은지 오래된 사람이 쓴 글은 재미도 없을뿐더러 특별한 매력도 느껴지지 않는다. 예를 들어 '~해서 좋다'와 '~인데도 좋다'를 보면 전자는 진정으로 사랑하지 않음을, 후자는 그럼에도 불구하고 사랑하고 있다는 의미를 담고 있다. 이 두 문장의 차이는 연애 경험자만이 쓸 수 있고 실제로 지금 사랑 문제로 고민하는 사람의 영혼을 자극할 수 있다.

'말의 영혼'이라는 문구처럼 실제 누군가의 말이나 글에는 입 밖으로 말을 꺼낸 사람 또는 글로 쓴 사람의 영혼이 깃들어 있는 것 같다. 젊은 시절에 미인, 미남 소릴 듣던 사람도 평소에 험한 말을 지속적으로 내뱉으면 몇십 년 후에는 인상이 험악하게 변하는 것처럼 말이다. 생각해보면 당신 주변에도 그런 인물이 몇몇 있을 것이다. 험악한 말을 지속적으로 내뱉어 몸의 세포에도 말의 영혼이 배어들었기 때문이지 않을까?

아마 아름다운 말과 애정이 넘치는 단어를 지속적으로 사용하면 그 사람은 점점 매력적인 존재가 될 것이다. 그러니 짝사랑이라도 괜찮다. 일단 사랑을 하자. 짝사랑은 쉽게 시작할 수 있고 주변 사람의 시선을 신경 쓰지 않아도 되고 법적인 처벌도 받지 않는다. 사랑을 하면 가만히 있어도 아이디어가 샘솟고 글솜씨가 부족해도 매력 넘치는 문장을 자연스럽게 지어낼 수 있다. 할리우드 스타들이 빈번한 연애 스캔들로 세상을 떠들썩하게 만드는 것도 자신의 매력을 높이고 연기력을 향상시키는데 사랑이란 감정이 효과적이라는 것을 잘 알고 있기 때문인 듯하다.

실제로 인기 작가 중에는 지금 자신이 사랑하는 특정 인물을 떠올리면서 글을 쓰는 사람이 꽤 많다. 그러다 보면 글을 더 매력적으로 쓸 수 있고 더 많은 인기를 얻을 수 있기 때문이다. 과거에 문호라 불렸던 위대한 작가들을 조사해보면 그들의 작품 뒤에 사랑의 힘이 숨어있다는 사실을 알 수 있다. 당신이 위대한 문호를 꿈꾸는 것은 아니겠지만 그래도 매력적인 글을 쓰고 싶다면 일단 사랑을 하자. 사랑을 하는 순간 당신의 뇌는 활성화되고 뇌에서 떠오르는 발상도 완전히 달라질 것이다. 내가 장담하건대 당신의 글이 발산하는 에너지가 확연히 좋아질 것이다.

사랑이 넘치는 곳에 사람이 몰리듯 사랑이 넘치는 글에 사람이 몰린다.

●

**사랑을 하면 가만히 있어도
아이디어가 떠오른다.**

CHECK

'무적의 글쓰기'의 첫걸음은

'모방을 통해서 배운다'이다!

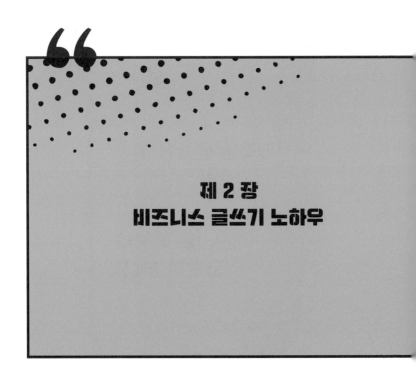

제 2 장
비즈니스 글쓰기 노하우

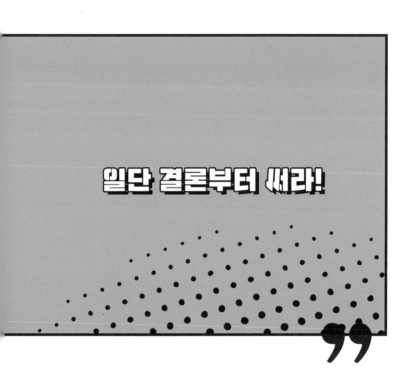

A-HA!!

결론부터 쓰지 않은 글은
시간을 잡아먹는 도둑이다

학교에서 배우는 글쓰기 순서의 모범 답안은 '기승전결'이다. 그런데 어엿한 사회인이 되어서 비즈니스 세계로 들어서면 '쓰는 순서'도 '말하는 순서'도 예외 없이 '결론 → 이유 → 구체적인 사례'가 모범 답안이다.

첫머리에 결론을 쓰지 않은 글은 시간을 잡아먹는 도

둑으로 취급받아 마땅하다. 프레젠테이션처럼 말로 내용을 전달해야 하는 경우에도 먼저 결론을 한마디로 짧게 언급해서 상대방의 시간을 빼앗지 말아야 한다. 가끔 '결론부터 말씀드리겠다'고 본인의 입으로 말해놓고 주저리주저리 다른 말만 늘어놓는 사람을 목격하는데 이는 비즈니스 세계에서 영구 제명 감이다.

결론을 뒷받침하는 이유도 길게 언급하지 않는 것이 좋다. 가령 세 가지의 이유가 있더라도 우선 제일 중요한 한 가지만 전달한다. 상대방이 원할 경우에 한해 두 번째 이유를 말하고 더 알고 싶어 하면 그때 세 번째 이유를 알려준다. 마지막으로 상대방이 관심이나 흥미를 표현했다면 제일 알기 쉬운 구체적인 사례를 하나 들어준다. 이런 방식으로 일하는 것만으로 당신은 유능한 비즈니스맨의 반열에 오를 수 있다.

내가 경영 컨설팅 회사로 이직하고 얼마 안 되었을 때의 일이다. 일류 대학을 졸업하고 우수한 성적으로 입사한 엘리트 신입사원과 같은 부서에 배치되었다. 그는 매일 밤마다 열심히 새로운 기획서를 작성했는데 단 한 번도 사내외에서 채택되지 못한 채 퇴사하고 말았다.

그를 옆에서 지켜봤던 나는 그가 얼마나 방대한 양의 기획서를 기승전결 형식에 맞춰 장황하게 작성했는지 잘 알고 있었다. 주변 사람들이 그에게 여러 번 글쓰는 방식을 수정하라고 지적했지만 그는 절대로 고치지 않는 완고한 성격의 소유자였다. 그는 점차 사내외에서 고립되어 설 자리를 잃었고 결국엔 그만둘 수밖에 없었다. '결론부터 말씀드리자면'이 그의 입버릇이었는데, 실제 결론을 먼저 들은 적은 단 한 번도 없었다.

나는 그에게서 매우 중요한 것을 배웠다. 바로 비즈니스 세계에서 결론부터 전달하지 않는 것은 범죄행위와 같다는 것이다. 언젠가 시간을 잡아먹는 도둑도 체포하는 시대가 온다면, 기승전결로 장황하게 프레젠테이션을 하는 사람을 신고하고 싶을 정도다. 비즈니스 세계에서는 척수반사 수준으로 반드시 '결론 먼저!'를 습관화해야 한다.

●

비즈니스 세계에서는
글을 쓸 때와 말할 때 모두
'결론 → 이유 → 구체적인 사례',
이 순서를 철저히 지킨다.

두께에 주눅들지 말자

최근에는 한물 갔지만 20세기에는 기획서를 무조건 두껍게 만드는 것이 트렌드였다. 내가 손해보험 회사에 입사한 때가 20세기 끝 무렵이었는데 그때까지 사내는 물론 업계에서도 두꺼운 서류를 환영하는 풍조가 남아있었던 것으로 기억한다. 일단 기획서의 두께로 작성자의 성의를 평가했고 내용은 최종 페이지에 제시된 결론을 확인하기 위한 부속품이었다.

기획서뿐만 아니라 두꺼운 서적을 환영하는 시대도 오래 지속되었다. 책이라는 것이 소수의 독서가와 구입해도 읽지 않고 책장에 장식해두는 수집가를 위한 것이었기 때문은 아닐까?

그런데 21세기로 접어들면서 심플한 서류와 기획서를 환영하는 시대가 찾아왔다. 게다가 해가 지날수록 이런 경향이 분명해지고 있다. 출판 시장에서도 활자 수가 많은 책보다는 얇은 책이 잘 팔리게 된 지 오래다. 이를 두고 활자 이탈과 학력 저하를 원인으로 분석하는 사람들이 있는데 나는 꼭 그렇지만은 않다고 생각한다. 진지하게 속 내용을 읽는 사람이 늘었다는 증거라고도 본다. 기획서도 책도 너무 두꺼우면 끝까지 읽는 게 두려워 제대로 된 속 내용이 궁금하지 않을 테니 말이다.

바쁘게 돌아가는 세상에서 시간은 누구에게나 소중하다. 방대한 양의 글은 그만큼 시간을 빼앗으므로 애초에 그런 글을 쓰는 사람은 멀리하는 편이 낫다. 장황한 글은 100% 자기만족과 자신을 보호하기 위해서 쓴 것이고 독자의 소중한 시간을 빼앗기만 할 뿐이다. 가령 제품 취급 설명서가 두껍고 글자가 많은 이유는 여러 면에서 제품을 보호하기 위해서다. 당신은 절대로 취급 설명서처럼 내용만 방대한 글을 쓰지 말아야 한다. 참고로 일 잘하는 사람의 순위와 기획서의 두께는 반비례한다.

●

두꺼운 서류는

자신을 보호하려는 것에 지나지 않는다.

심플할수록 환영받는다.

컨설팅 서적에 나올법한
그럴싸한 도표는 멀리하자

당신은 컨설팅 관련 서적을 좋아하는가? 컨설팅 분야는 비즈니스 관련 책 시장에서 늘 일정 부분을 차지하고 있고 꽤 많은 독자층을 확보하고 있다. 대부분의 컨설팅 서적에는 뭔가 있어 보이는 도표가 등장하는데 이를 보고 당신의 글에도 활용해보고 싶다는 생각을 했을 수 있다. 나는 말리고 싶다. 이런 도표는 쉽게 설명해도 이해하기 어려운 내용을 더 이해하기 어렵게 만드는 재주가 있다.

이해하기 어렵다고 아무도 따지지 않는 이유는 다들 본인의 이해력이 부족하다는 것을 인정하고 싶지 않기 때문이다. 난해한 도표는 절대로 독자의 이해를 돕지 못한다. 어디까지나 저자 또는 저자가 속한 컨설팅 회사를 위해서 싣는 것이다. 컨설팅 서적이라는 것이 마케팅의 일환으로 자사 브랜드 홍보를 위해서 출판하는 경우가 많기 때문이다. 몇만 원짜리 책을 읽고 정말로 매출이 오른다면 실제 컨설팅 고객이 생기겠는가? 책을 난해하게 써서 저자나 저자가 속한 회사에 의지하도록 만들려는 것 아닐까? 이해하기 어려운 도표는 그들의 일익을 도모할 뿐이다.

그러니 당신이 컨설팅 서적에 등장하는 도표를 이해할 수 없는 것은 지극히 정상이다. 몇몇 사람들은 컨설팅 서적의 그럴싸한 내용을 그저 동경하며 무심코 그 안의 도표와 비슷한 것을 만들어 자신의 기획서에 넣곤 한다. 잘 이해하지 못하고 모방할 경우 감당하기 어려운 상황과 마주할 수도 있다. 만약 모르는 것을 솔직하게 말하는 사람이 묻고 따지고 들면 횡설수설하다가 결국 신용을 잃게 될 수도 있다. 모방한 본인도 이해하지 못했으니 어쩔 수 없는 일이 아닌가? 당신은 절대로 그런 겉치레식의 가벼운 테크닉으로 자기 무덤을 파지 말았으면 한다.

비즈니스에서는 우직하게, 심플하게 상대방을 배려하는 글을 쓰는 것이 중요하다.

●

이해하기 어려운 도표는 사용하지 말자.
겉치레식 테크닉은 역효과를 낳을 뿐이다.

차분하게 시간을 들인 기획서는
통과하지 못한다

어느 정도 사회생활을 해본 사람이라면 누구나 알 것이다. 차분하게 시간과 공을 들여서 쥐어짜낸 기획서가 오히려 통과하지 못한다는 사실을 말이다. 반대로 즐기면서 설렁설렁 쓴 기획서가 의외로 쉽게 통과하기도 한다. 이 얼마나 아이러니한 일인가?

차분하게 시간과 공을 들여서 작성한 기획서가 통과

하지 못하는 이유는 평소에는 기획과 관련한 생각을 별로 하지 않던 사람이 컴퓨터 앞에 앉아 겨우 짜낸 것이라 재미가 없기 때문이다. 반대로 설렁설렁 쓴 기획서가 통과하는 이유는 평소에 이것저것 꾸준히 경험하고 고민해온 사람이 생각을 정리하는 차원으로 쓴 것이라 재미있기 때문이다.

시간과 공을 들여서 차분하게 생각하는 것은 평소에 해야 할 일이다. 기획서 마감을 앞두고는 평소 아이디어 서랍에 꾸준히 모아둔 생각 조각 중 참신한 것을 꺼내서 다듬기만 한 후 제출해야 한다. 이런 의미에서 평소에 잘 놀고 잘 즐기는 사람은 이기기가 어렵다. 이들은 직접 경험해보며 실제 시장을 잘 파악했을 것이고, 여러 사람들과 대화를 나눈 덕분에 시야도 남다를 것이다. 즉 기획을 잘하고 싶다면 일상의 모든 일이 기획의 밑천을 모으는 작업이 되도록

해야 한다.

나는 이를 경영 컨설턴트로 근무하던 시절에 깨닫고 차분하게 생각해낸 기획 아이템은 절대로 제안하지 않겠다고 결심했다. 그 이후부터 일상을 더 즐기려고 했고 기획서는 길어야 A4용지 1장 정도의 분량으로 '결론 → 이유 → 구체적인 사례'만 작성했다. 덕분에 꾸준하게 계약을 따냈다. 퇴사 직전에는 기획서도 없이 의뢰인의 사무실에 찾아가 화이트보드에 즉흥적으로 프레젠테이션을 하고 수주를 받아오기도 했다. 기획서 내용에 자신이 있어서 어떤 질문을 받아도 즉시 대답할 수 있다면 상대방의 전폭적인 신뢰를 얻을 수 있다는 것도 몸소 깨달았다. 나는 기획을 제안할 때 '이걸 지금 바로 실행하지 않는다면 후회하실 겁니다'라고 당당하게 말할 수 있을 정도로 항상 자신감이 넘쳤고 애초에 그런 생각을 할 수 없는 기획은 제안하지 않았다.

기획을 배우는 초급 단계에서는 기초를 탄탄하게 다지기 위해 '기획서 작성법'과 같은 매뉴얼 책을 읽는 것도 중요하다. 하지만 일단 기초를 다졌다면 재빨리 모범 답안에서 벗어나려는 노력을 해야 한다. 매뉴얼대로 작성한 기획서가 통과할 만큼 세상은 그리 만만하지 않을뿐더러 작성할 때가 돼서야 차분하게 생각해서 완성한 기획서라면 더더욱 통과할 확률은 낮다. 우수한 기획 입안자는 기획서를 작성하는 이외의 시간에 진짜 일을 한다.

●

기획서를 작성하는 이외의 시간이 승부를 가른다. 평소에 잘 놀고 잘 즐기며 기획의 밑천을 쌓자.

'좀 더 구체적'이란 말은
수치와 고유명사를
제시하는 것이다

당신은 지금까지 '좀 더 구체적으로'라는 말을 들어본 적이 있을 것이다. 특히 사회 초년생 시절에는 거의 매일같이 그런 주의를 받지 않았을까 싶다. 이 말의 뜻을 제대로 이해하지 못하면 짧은 글을 그저 길게 풀어쓰는 실수를 범할 수 있다. 당신은 구체(具體)의 본래 뜻을 알고 있는가? 구체의 '구(具)'는 '갖추다'는 뜻이며 '구체'는 '형태(體)를 갖춘 것'을 의미한다. 형태가 있는 것은 일반적으로 셀 수 있으며 고유명사인 경우가 많다. 그래서 구체적이라고 하면 수치나 고유 명사로 나타낼 수 있는 상태를 말한다. '좀 더 구체적 으로'라는 말을 들으면 당신은 수치와 고유명사를 넣어서 보다 자세하게 설명하면 된다. 예를 들어 많이 가 아니라 10개나 100개와 같이 수치를 제시하고 일류 대학이 아니라 도쿄대, 교토대와 같이 고유명사를 제시하는 것이다. 이런 기초적인 내용을 분명히 아느냐 모르느냐에 따라서 당신에 대한 평가는 확연히 달라지고 업무가 눈에 띄게 잘 풀리거나 상대방과의 대화가 원활해질 것이다.

한편 구체의 반대어로 '추상(抽象)'이 있다. 추상이란 '형태를 갖추지 않은 것'을 의미한다. 참고로 추상의 '추(抽)'는 '뽑아내다', '상(象)'은 '형태'를 말한다. 공통의 형태를 끌어낸다, 즉 공통점을 끌어내는 것이 추상이다. 예를 들어 10개나 100개가 아니라 많다고 제시하고, 도쿄대나 교토대가 아니라 일류 대학이라고 표현하는 것이다.

IQ가 높은 사람은 구체적인 것을 추상화하는 능력이 탁월한데 비즈니스 세계에서는 추상적인 표현을 꺼리는 경우가 많다. 어쩌면 당신은 추상화하는 것을 좋아하는 우등생일지 모르나 비즈니스 세계에 발을 들여놓은 한 추상적인 것을 구체화하는 훈련을 반복해야 한다. 구체화된 글이 많은 사람에게 잘 전달되고 좋은 성과로 이어질 확률도 높다.

이미 말했듯이 글을 쓸 때는 '결론 → 이유 → 구체적인 사례'의 순서대로 쓰며 제일 마지막 단계의 사례 부분을 특히 더욱 구체화하면 틀림없이 '이해하기 쉽다', '읽기 쉬운 글이다'라는 호평을 받게 될 것이다.

●

글에 수치나 고유명사를 넣으면

설득과 협상 능력이 단숨에 강화된다.

'~이다', '~입니다'가 혼재되지
않도록 문체를 통일한다

신입 사원뿐만 아니라 경력 사원이 쓴 글에서도 자주 볼 수 있는 실수 중 하나가 문장 끝맺음에 '~이다'와 '~입니다'를 혼재해 사용하는 것이다. 출간된 서적에서도 가끔 그런 문장이 보여 놀랄 때가 있다. 간혹 직업 작가 중 일부러 문체를 섞어서 쓰는 예술적인 감각을 소유한 사람이 있는지도 모르겠다. 하지만 비즈니스 세계에서 일반적으로 '~이다'와 '~입니다'를 섞어서 사용하면 백발백중 감점 요인으로 작용한다. 최악의 경우에는 같이 일할 수 없는 사람이라는 평가가 내려지고 기피 대상이 될 수도 있다.

당신은 '설마 그렇게까지? 너무 극단적이지 않나?'라며 웃어 넘길지도 모른다. 그런데 비즈니스 세계란 그런 사소한 부분이 쌓이고 쌓여서 어느 순간 관계가 틀어지고 끊어질 정도로 냉정한 곳이다. '~이다'로 시작했으면 '~이다'로, '~입니다'로 시작했으면 '~입니다'로 통일해야 읽는 사람에게 거부감을 주지 않는다.

이는 말할 때도 마찬가지다. 방금 전까지 존댓말을 썼는데 갑자기 반말을 내뱉는 사람이 있다. 물론 대화 도중에 상대방의 상태를 살피면서 계속 존댓말로 말할 것인지 혹은 이 사람이라면 반말을 써도 되겠다든지 하는 판단을 내릴 수 있겠지만 웬만하면 통일하는 쪽이 좋다. 문체를 섞어서 사용하는 것은 무의식적이고 습관적으로 저지르는 일이라서 남에게 지적을 받거나 이렇게 책을 읽고 반성의 시간을 가지면서 분명하게 인지해야 비로소 고칠 수 있다. 그렇지 않으면 영원히 고칠 수 없을지도 모른다.

내 경우에는 이 책처럼 불특정 다수를 대상으로 집필할 때는 '~이다'로 통일하고 비즈니스 메일을 쓸 때는 '~입니다'로 통일하는 경우가 많다. 물론 상황에 따라서 달라지기도 하는데 한 편의 글에서 '~이다'와 '~입니다'가 혼재되지 않도록 각별한 주의를 기울이고 있다.

제아무리 다른 구성 요소가 뛰어난 글이라도 문장 끝맺음에 통일성이 없다면 하찮게 취급받을 수도 있다.

●

읽는 사람에 따라서

'~이다', '~입니다'의 문체를 구분한 후

처음부터 끝까지 통일해서 사용하자.

당신도 재미없는 글을
남에게 읽게 해서는 안 된다

비즈니스 세계에서 기획의 통과 여부를 따지기 이전에 매우 중요한 것이 있다. 당신이 재미없다고 느낀 글은 절대로 남에게 읽게 해서는 안된다는 것이다. 가령 '이 정도면 되겠지?'라고 생각했던 글은 설령 통과되더라도 얼마 지나지 않아 큰일을 초래하고 만다. 보통 사람들은 일단 한 번 타협하면 그 순간부터 그 것을 인생의 기준으로 삼는다. 그리고 무수히 많은 사소한 '이 정도면 되겠지?'가 쌓이고 쌓여서 장기적으로 대규모의 퇴화가 진행된다.

나이를 먹으면 주변에 직언을 해주는 사람도 점차 사라지기에 가진 능력의 상당 부분이 퇴화되고 있어도 당신은 알아차리지 못한다. 오히려 싫은 소리를 듣지 않게 되니 나이를 먹으면서 꽤 성장했다는 착각에 빠지기도 한다.

사람은 의식적으로 노력하지 않으면 성장할 수 없다. 쓰지 않는 근육의 기능이 날마다 조금씩 퇴화하듯 쓰지 않는 능력도 날마다 조금씩 퇴화하기 마련이다. 이는 자연의 섭리이고 누구도 거부할 수 없다. 결국 느즈막한 나이에 제대로 된 글 하나 쓰지 못하는 선배로 방해꾼 취급을 받으며 밀려날 수도 있다.

작가가 재미없다고 생각하며 쓴 글을 읽고 재미있다고 생각하는 독자가 과연 있을까? 현실은 작가가 재미있다고 생각해서 쓴 글조차 독자는 재미없다고 느끼는 경우가 훨씬 더 많다. 자신이 재미있고 즐겁게 쓴 글을 남도 그렇게 느끼리라 보장할 수 없는데 스스로 억지로 쓴 글을 재미있게 읽어줄 리 있겠는가? 그러니 적어도 당신이 재미있다고 느낀 글만 남에게 읽게 하자.

적어도 나는 지금껏 그렇게 해왔고 앞으로도 그렇게 할 작정이다. 경영 컨설턴트로 근무하던 시절부터 지금까지 낸 수많은 기획이 통과할 수 있었던 이유는 내가 재미있다고 생각한 것만 제안했기 때문이다. 또 평소에 수많은 책과 콘텐츠들을 접하려고 노력해 상대방보다 내가 재미있다고 느끼는 기준이 높았기 때문이라는 생각도 새삼 하게 된다.

●

'이 정도면 되겠지?'라고

한 번 타협하기 시작하면

그것이 내 인생의 기준이 된다.

비즈니스 세계에서 좋은 글은
알기 쉬운 글이다

비즈니스 관련 글에 있어 무엇이 가장 중요하냐고
물으면 나는 이렇게 답한다. 무조건 알기 쉬워야 한
다고.

예를 들어 온라인 쇼핑몰에서 특정 상품이 잘 팔리지
않는다면 원인은 상세 페이지의 설명이 이해하기 어
렵게 작성되었을 확률이 높다. 상품의 특성이 어떤지

단번에 이해하기 어렵거나 구매, 반품 및 교환 방법이
어려워서 소비자가 외면하는 것이다. 사람들은 일단
대충 보고 어렵다고 느끼면 자세히 살펴보기 귀찮다
는 생각에 기피한다. 비즈니스맨 입장이라면 돈을 벌
기가 힘들어지는 것이다. 생활 필수품인데 그곳에서
만 판다든지 지금 사지 않으면 목숨이 위태로운 경우
를 제외하고 일단 제품의 특성이 뭔지 알기 어려우면
소비자들은 지갑을 열지 않는다.

나는 컨설턴트로 일하던 시절부터 알기 쉬움의 중요
성을 주장하며 무조건 여러 사람에게 다양한 시점에
서 바라본 의견을 묻고 또 물었다. 고문을 맡았던 회
사에서 개발한 신상품에 대한 의견도 조직 내부만
이 아니라 소비자, 거래처 지인들에게 정중하게 의견
을 묻고 수집해서 알기 쉬움을 추구했다. 그렇게 하
는 도중 아무도 발견하지 못한 제품의 결함을 찾아내

기도 했다. 상품의 특성, 구입 방법, 반품 방법 등 어느 각도에서 살펴봐도 이해하기 쉬운 설명글이 완성되기 전까진 어떤 타협도 하지 않았다. 이렇게 자신감을 갖고 세상에 내보낸 상품은 상당히 높은 확률로 매출 신장을 기록했다.

글을 쓰는 지금도 독자에게 '알기 쉽다', '읽기 쉽다'는 평가를 받기 위해 꾸준히 노력한다. 예전부터 추구해온 알기 쉬움을 향한 끝없는 욕망은 현재의 집필 활동에도 많은 영향을 미치고 있다.

알기 쉽고 읽기 쉬운 글을 쓰는 요령으로 세 가지를 알려주고 싶다.

① 한 문장의 길이를 가능한 한 짧게 한다.
② 한 페이지마다 문자수를 가능한 한 적게 한다.

③ 머릿속에 쉽게 떠오르는 문장을 구사한다.

이 세 가지 요령을 지키는 것만으로도 당신의 글은 단숨에 알기 쉬운 글로 진화할 것이다. 알기 쉬운 글을 쓰는 요령은 비즈니스 기술의 정점(頂点)이다.

●

**이해하기 어려운 글은
사람도 돈도 기피한다.**

제 3 장
사적인 글쓰기 노하우

OHHHHH !!

자극적인 글이나 악플로
SNS 구독자를 늘리면
언젠가 똑같이 고통받는다

요즘은 SNS를 통해 언제 어디서든 누구나 자신의 글을 쓰고 발신할 수 있다. 그 수단은 점점 더 다양해지고 있다. 이는 내가 속해 있는 출판 업계에도 그대로 적용된다. 현시점에서 종이책으로 상업 출판을 하려면 넘어야 할 장벽이 많지만 전자책 형태로는 마음만 먹으면 쉽게 책을 낼 수 있다.

일본에서는 해마다 종이책 시장은 축소되고, 전자책 시장은 확대되고 있는 추세다. 이미 전자책 시장의 규모는 종이책 시장의 20% 정도 수준까지 올라섰다. 나는 최근 5년간 통장에 찍히는 인세를 비교해보면서 직접 피부로 느끼고 있다.

이렇게 누구나 자신의 글을 쉽고 자유롭게 발신할 수 있는 시대이기에 경종을 울리고 싶은 것이 있다. 바로 자극적인 글이나 악플로 이목을 끌면 언젠가 그 글로 자신이 고통받을 수 있다는 점이다. 특히 단숨에 이목을 끌기 위해 SNS에서 이런 글을 남발하는 경우가 꽤 있다. 비슷한 울분을 안고 있던 사람들이 몰려들고 아무 대가 없이 '좋아요'를 눌러준다. 그런데 이런 류의 '좋아요'는 금세 배신을 때리고 만다. 사람들은 더 강한 자극을 원하고 그 욕구를 충족시키지 못하면 사람들은 노골적으로 실망감을 드러낸다. 또

이러한 분위기를 타서 사회직으로 매장을 시키기도 한다. 이뿐만이 아니다. 글 내용의 대상이었던 상대방이나 그의 팬들이 이때다 싶어 공격을 퍼부으며 복수를 감행할지도 모른다.

이런 현상은 SNS가 발달해서 생긴 것이 아니다. SNS는 우리가 사는 사회의 축소판으로 '촌락의 규율을 어긴 사람은 응당 그 대가를 치러야 한다'는 촌락 사회의 본질이 그대로 적용된 것일 뿐이다. 만일 악플로 고통받고 싶지 않다면 자신부터 자제해야 한다.

●

**SNS에 자극적인 글을 쓰면
경박한 팬은 생기겠지만
그들은 더 짜릿한 자극을 원할 뿐이다.**

지속적인 지지를 받는 블로그는
공통적으로 교양이 느껴진다

나는 십여 년째 매일 블로그에 게시글을 업데이트하고 있다. 다른 사람의 블로그를 구경하는 것도 좋아한다. 무언가를 지속한다는 것은 존경받을 만한 일이다. 그런데 지속과 유지만이 목적이 되어 장기간에 걸쳐 매일 여러 번 업데이트를 하는데도 방문자가 없는 쓸쓸한 블로그도 상당하다. 그중에는 내게 '어떻게 하면 방문자 수가 늘까요?'라는 상담을 요청하는 사람도 몇몇 있다.

이런 사람들의 블로그를 읽어보면 공통점이 있다. 주제넘은 말일지도 모르지만 교양이 느껴지지 않는다. 유명인이라면 몰라도 무명의 평범한 사람이 자신의 시시콜콜한 일상을 일기로 썼을 때 흥미를 가지는 이는 많지 않다. 사람들의 관심이 별로 없자 시간이 지나면서 스스로도 질리게 되고, 그러다 보면 꾸준히 기록하기만 할 뿐 글이나 사진의 질이 떨어질 것이다. 지루한 글과 어설픈 사진이 가득한 블로그에 누가 관심을 갖겠는가? 그런 블로그를 몇십 년째 유지한들 방문자 수는 절대로 늘지 않는다.

일정한 수 이상의 방문자를 유지하고 해마다 방문자 수가 지속적으로 늘어나는 블로그는 일단 글에서 교양이 느껴진다. 사진을 강점으로 내세운 블로그라면 예외지만 글을 강점으로 내세운 블로그인 이상 글에서 어떤 매력이 느껴지지 않는다면 처음부터 출발선에 설 자격이 없다. 블로그 주인의 성격이 아무리 철이 없고 왈가닥처럼 보여도 혹은 외모가 험상궂어 보여도 글에서 교양이 느껴지면 인기를 끈다. 쓱 읽었을 때 가볍게 느껴지는 글이라도 인기 있는 글에는 제대로 된 교양이 배어있다.

나는 그런 블로그 주인들을 조사해보고 다음의 어느 하나 또는 두 가지 조건을 모두 충족한다는 사실을 알게 되었다.

① 기본적인 교양 지식을 갖추고 있다.
② 책을 꾸준히 읽는 독서가다.

①을 충족하는 사람은 입시 공부할 때 방대한 글을

읽는 데에 익숙해서 ②를 거의 자동적으로 충족하는 경우가 많다. 가령 ①에 속하지 않는 사람이라도 ②를 충족하는 사람 역시 교양이 있다. 비즈니스 글만이 아니라 만화책, 철학책 그리고 소설 등 폭넓은 분야의 책을 읽음으로써 교양이 생긴 것이다.

●

**지루한 글과 어설픈 사진은
아무도 관심을 가져주지 않는다.**

장문의 메일은
당신의 가치를 떨어뜨린다

이상한 표현일지 모르겠지만 메일이 긴 사람은 가난하다. 메일이 길면 사람들이 싫어하기 때문이다. 돈은 사람이 몰고 오는 것이라 사람들이 싫어하면 필연적으로 가난해지는 것이다.

나는 지금까지 수천 명의 기업 관리자와 수만 명의 비스니스맨과 일을 해왔는데 메일이 길면 거의

100% 사람들이 꺼리고 싫어한다. 매번 장문의 메일을 보내오면 점차 그 사람이 보낸 메일을 여는 것 자체가 두려워진다. 나중에 읽어야겠다며 뒷전으로 미루고, 결국 답장하는 것을 깜빡 잊기도 한다.

얼마 후에 장문의 메일을 보낸 상대방은 재촉 전화를 걸어온다. '이렇게 고생해서 메일을 보냈는데 왜 답장이 없느냐'며 불같이 화를 낸다. 메일이 너무 길어서 나중에 읽으려다가 답장을 깜빡한 것인데 이런 속사정은 좀처럼 말할 수 없다. 그래서 장문의 메일을 쓰는 사람과 어쩔 수 없이 거리를 두게 되는 것이다.

이러한 문제는 사적인 상황에서 더욱 심각해진다. 친한 친구나 애인이 장문의 문자나 메일을 보내는 상습범이라면 당신의 일상은 괴로울 것이다. 앞에서도 언급했듯이 장문의 글을 쓰는 사람일수록 답장을 재촉

하곤 한다. 처음에는 상대방에게 호감이 있어서 어느 정도 참을 수 있지만 점차 당신은 선뜻 읽고 싶은 마음이 사라지고 귀찮아진다. 귀찮아지면 답장을 보내는 속도가 늦어진다. 답장을 보내는 속도가 늦어지면 상대방은 장문의 문자나 메일을 기관총처럼 더 많이 보내는 공격을 개시하며 답장을 재촉한다. 당신은 점점 더 답장을 보내는 것이 두려워지고 답장을 보내는 속도도 더 늦어진다. 이렇게 되면 상대방은 당신을 원망하고 좋아했던 마음만큼 아니, 그보다 더 심하게 당신을 증오할 수도 있다.

자신이 당해서 기분 나쁜 일은 남에게도 절대로 해서는 안 된다. 나는 원칙적으로 문자나 메일은 '세 줄 이내'로 적정 분량을 정해놓았다.

●

대부분의 사람들은 장문의 글을 싫어한다.

장문의 글은 당신을

경제적으로도 어렵게 할 수 있다.

'세 줄 엽서'로 인생이 바뀐다

최근에는 문자나 메일, SNS로 대화를 주고받는 것이 당연시되었다. 전화는 상대방에게 민폐를 끼칠 수 있다고 여기는 사람도 늘고 있다. 사실 전화는 예고 없이 상대방의 시간을 침범하는 행위라서 민폐라면 민폐일 수 있다. 요즘은 스마트폰의 전화 기능이 부가 서비스에 지나지 않는 것도 같다.

이런 시대이기에 나는 엽서야말로 그 위력을 한껏 발휘할 수 있다고 생각한다. 여기서 엽서란 사무적인 연하장처럼 컴퓨터로 작성해서 인쇄한 것이 아니라 직접 손글씨로 쓴 것을 가리킨다. 이미 디지털화된 현대 사회에서 손으로 쓴 아날로그 엽서가 가진 힘이 얼마나 큰지는 내 인생을 통해서 증명할 수 있다.

대학생 때 읽은 다수의 책에서 이런 내용을 많이 접했다. '인연이 닿은 사람에게 엽서로 감사를 전하면 인생이 바뀐다!' 그래서 나는 대학 시절부터 인연을 지속하고 싶은 사람들 중에 주소를 아는 사람에게는 반드시 엽서를 보냈다. 사회인이 되어서도 이 습관은 철저하게 이어나갔다. 경영 컨설턴트 시절에 업계에서 꽤 유명한 사람이 수기 엽서가 왜 중요한지에 대해 강조한 적도 있어 그 이후 나는 더욱 노력했다.

앞에서 언급했듯이 나는 지금까지 수만 명의 비즈니스맨과 일을 했는데 그들 대다수에게 엽서를 보내왔다. 사적인 만남까지 포함하면 일일이 세기 어려울 정도다. 출장 중에는 항상 가방 속에 빈 엽서 50장 정도를 휴대했는데 명함을 교환한 상대방에게 그날 자기 전에 간략한 문구를 써서 우편을 부쳤다. 이렇게 엽서를 많이 쓸 수 있었던 요령은 본문 내용을 두꺼운 펜으로 세 줄 이상 쓰지 않는 것이다.

'오늘 진심으로 감사했습니다.

○○에 관한 이야기에 감동했습니다.

지금 이 순간부터 실행해나가고자 합니다.'

상대방과 당신만이 알 수 있는 화제를 언급하고 곧바로 삶의 원동력으로 삼겠다는 모습을 보여줬다. 이러한 작은 행동들이 나를 이 자리에 있게 해준 것 같다.

●

명함을 교환한 상대방에게

'세 줄 엽서'를 보내자.

글쓰기 실력을 기르려면
'한 장르마다 천 번 쓰기'를
'한 세트'로 생각한다

직업 작가나 직업 블로거 등 글쓰기 분야의 프로들에게 글쓰기 실력을 기르는 요령을 물으면 '천(1,000)'이라는 숫자를 기준으로 언급하는 경우가 많다. 비슷한 형태의 글을 천 번 쓰면 눈에 띄게 향상된 실력을 기대할 수 있다고 말한다. 실제로 앞장에서 내가 실천했다고 언급한 세 줄 엽서 쓰기도 천 번 정도 지속했을 때 내 글쓰기 실력이 좋아졌다는 느낌이 들었다.

글쓰기 실력을 기르고 싶다면 한 장르마다 천 번 쓰기를 한 세트로 생각하고 실천하자. 보고서도 천 번, 기획서도 천 번, SNS 글도 천 번 정도 써봐야 한다. 열 번, 백 번으로는 턱없이 부족하고 주변 사람의 심금을 울리는 글은 쓸 수 없다. 물론 그렇게 한다고 해서 모두가 프로가 될 수 있다고 보장하기는 어렵지만 어느정도 높은 수준은 갖출 수 있다.

한 번 쓸 때마다 PDCA 사이클을 반복하면 더욱 좋다. PDCA란 'Plan＝계획, Do＝실행, Check＝평가, Action＝개선'의 앞 글자를 딴 것으로 경영 컨설턴트가 고문을 맡은 기업을 위해 세운 전략을 현장에 적용할 때 활용하는 방법이다. 가능하다면 주변 사람의 지혜를 빌리면서 PDCA 사이클을 반복해보자. 당신이 관심 있는 분야에서 장기적으로 큰 인기를 끌었던 사람을 참고한다. 그러면 PDCA 사이클의 질이 높아지고 당신의 글쓰기 실력은 틀림없이 비약적으로 향상될 것이다.

천 번이라고 하면 그렇게 해낼 인내심이 없다며 포기하는 사람이 많을 것이다. 어떻게 보면 당연한 일이다. 천 번을 지속한다는 것은 보통의 인내력으로는 불가능한 일이기 때문이다. 밥을 먹거나 이를 닦는 것처럼 습관화해야 천 번을 지속할 수 있다.

천 번을 지속하는 요령에는 두 가지가 있다.

　① 조금씩 시작한다.
　② 1mm라도 좋으니 매일의 성장을 목표로 삼는다.

얼토당토않게 높은 목표를 세우고 대차게 밀어붙이는 사람은 금세 좌절하고 만다. 천천히 지속하자.

●

장벽을 낮추고 조금씩 성장하는 것을 목표로 삼는다.

배우가 남들 앞에 나서야
예뻐지고 멋있어지듯
글도 남이 읽어줘야 나아진다

책을 몇백 권 출판한 작가의 글은 왜 좋을까? 독자가 몇만 명 되는 블로거의 글은 왜 눈에 띌까? 글재주를 타고났다는 이유 이외에 명확하게 말할 수 있는 것이 있다. 바로 자신의 글을 많은 사람들이 읽고 있다고 자각하기 때문이다. 배우가 남들 앞에 나서서 자신의 모습을 비춰야 예뻐지고 멋있어지듯 글도 사람들이 많이 읽어줘야 비로소 빛을 발한다. 배우들은 많은 사람들에게 노출되어야 다양한 평가를 받을 수 있고 더 나은 외모와 태도를 연구할 수 있다. 사람들에게 찍힌 사진이나 TV에 비치는 모습을 보면서 새로운 화장법을 익히고 세련된 헤어스타일도 시도하며, 보기에 안 좋은 표정이나 더 멋져 보이는 신체 각도까지 터득하고자 하면 외모뿐만 아니라 교양을 갖춘 배우로 성장할 것이다.

글쓰기도 마찬가지다. 글재주는 비슷한 수준인데 방구석에서 아무에게도 보여주지 않고 일기를 쓰는 사람과 책이나 SNS를 통해서 세상 사람들에게 자신의 글을 선보이는 사람을 비교하면 시간이 지났을 때 실력에 엄청난 격차가 벌어진다. 후자만 더욱더 성장해 나간다. 자신이 쓴 글을 세상에 공개하면 반드시 어떠한 평가를 받는다. 언어로 직접적인 평가를 받지 않아도 책의 매출량 같은 것을 통해서 반응을 살펴볼

수 있다. 또한 SNS를 타고 전 세계에서 칭찬과 비난
이 날아들기도 한다.

직업 작가나 블로거가 아닐지라도 진심으로 글쓰기
실력을 향상시키고 싶다면 다른 사람이 당신의 글을
읽는 것을 싫어해서는 안 된다. 다른 사람의 평가를
외면하고 도망쳐서도 안 된다. 다른 사람이 당신의
글을 읽고 평가해 주는 것이 글쓰기 실력을 키우는
빠른 지름길이라고 생각하자.

타인을 비난하거나 평가하는 일은 쉽다. 노벨 문학상
을 받은 작가도 아무것도 모르는 아마추어에게 '지루
한 작품이다', '너무 따분하다'는 혹독한 평가를 받기
도 한다. 당신이 그저 쉽게 비판하는 쪽의 방관자가
아니라 비판 당하는 쪽의 주인공으로 살려면 그렇게
평가하는 사람이 있어야 한다는 사실을 진지하게 받

아들여야 한다. 칭찬과 함께 비판도 적극적으로 수용하는 사람만이 결국 진정한 빛을 발할 수 있다.

●

**남에게 자신의 글을 보여주고
평가받는 것을 두려워하지 말자.**

평소에 작가 노트를 만들어
들고 다니는 습관을 기른다

평소에 스스로를 작가라고 생각하며 '나만의 작가 노트'를 만들어 들고 다니자. 이는 글쓰기 실력을 키우는 아주 좋은 방법이다. 책을 읽거나 다른 사람과 대화를 나눌 때 '바로 이거다!' 하는 부분이 생기면 메모하는 습관을 갖는 것부터 시작하자.

기록은 수기도 좋고 스마트폰에 저장하는 것도 좋다. 나중에 글을 쓰다가 막힐 때 나만의 작가 노트를 들춰보면 큰 도움이 된다. 노트에 적힌 수많은 문장과 단어가 아이디어의 좋은 재료가 될테니 말이다. 설령 글을 쓰다가 그 노트를 들춰보지 않더라도 평소에 단어나 문장에 대한 의식이 높아져서 당신의 글은 확연히 좋아질 것이다.

내 경우에는 매번의 집필이 작가 노트의 역할을 대신하고 있다. '바로 이거다!' 하는 내용을 책에 쓰기 때문이다. 탈고한 후나 책이 완성되어 샘플을 손에 쥔 순간마다 '아, 그걸 썼으면 좋았을 텐데…', '바로 이건데…'라는 후회가 들기도 한다. 그래서 그다음 작품에는 그때 떠올랐던 내용을 소재로 삼는다. 이런 과정을 반복하다 보니 지금까지 집필 활동을 이어오게 된 것 같다. 책을 완성했을 때는 아이디어를 다 쏟아낸 후이기에 또 다른 아이디어가 떠오르는 것이라며 감사한 일로 받아들이고 있다.

이 책은 지금까지 내가 157권의 책을 출판하고 '이걸 써야 했다'며 후회한 것들의 집대성이다. 아마도 이 책을 완성한 후의 나는 또다시 후회할지 모른다. 매번 글을 쓴 후에 찾아오는 후회의 시간은 내가 여전히 성장하고 있다는 증거다.

매일 작가 노트에 아이디어를 메모하고 그중에서 마음에 드는 것을 글감으로 고르자. 글을 쓰다가 분명히 당신은 더 멋진 아이디어가 떠올라서 후회할 수도 있다. 하지만 그렇기에 다음 글을 또 쓸 수 있고, 우리들 인생이 더 즐거운 것이 아닐까 싶다.

●

항상 노트나 스마트폰을 들고 다니면서 느낀 점, 깨달은 점 등 뭐든지 기록하자.

한 방에 잘 되기를
기대하지 않는다

독자에게 먹히는 글, 사랑받는 글의 대부분은 막상 저자는 그럴 의도나 욕심이 없었는데 인기를 끌게 된 경우가 많다. 내 인생에 비추어 봐도 그렇다. 내가 좋은 평가를 받고 싶은 글과 남이 좋게 평가하는 글이 다른 경우가 많았다. 게다가 그 평가 내용도 내 예상과는 많이 달랐다. 이는 경영 컨설턴트 시절의 기획서에도, 지금까지 출판한 수많은 책에도 그대로 적용

된다. 연애편지도 그렇다. 이런 경험이 몇 번 정도라면 몰라도 몇십 번 혹은 몇백 번이라면 이는 기정사실로 인정해야 하지 않을까?

똑같은 글을 읽고 누군가는 깊은 감동을 받고, 반면 누군가는 아무런 감흥도 느끼지 못한다. 사람은 저마다 살아온 인생이 다르고 성격도 다르기 때문이다. 이와 관련해 내가 내린 결론은 '한 번에 잘 되리라'고 기대하지 말아야 한다는 것이다. 한 번에 잘 되길 바라면 꽤 높은 확률로 실패를 맛본다. 또한 기대만큼 실패의 충격도 상당히 크다. 이런 충격은 인생에 있어 다음 행동으로 나아가는데 시간을 잡아먹는다. 사람에 따라서는 실망스러운 일을 겪은 후 될 대로 되라는 식으로 재기하지 못하는 경우도 있는데 이럴 경우 치명적이다.

그렇다면 처음부터 섣불리 기대하지 말고 긴장을 푼 채 열 번 정도 시도해보는 것이 낫지 않을까? 열 번 시도하다 보면 대개 한 번 정도는 괜찮은 결과를 얻을 테고 설령 열 번 모두 실패하더라도 그때 받은 충격은 크지 않아서 또다시 담담하게 시도할 수 있지 않을까? 열 번 정도 시도하다 보면 결과에 대한 기대나 집착이 사라진다. 그리고 잊을만하면 잘 풀린다. 승률이 10%라면 열 번 시도하면 되고, 승률이 5%라면 스무 번 정도 시도하면 된다. 물론 한 번 시도할 때마다 신중해야 하지만 실패했다고 언제까지나 낙담하고 있을 필요는 없다.

일명 '한 방 노리기'는 실제 한 번에 잘 되었더라도 그 이후에 정답이 바뀌는 경우가 있어서 매우 위험하다. 정답은 사람, 장소, 시기가 달라지면 오답으로 바뀌기도 한다. 그래서 한 번에 성공한 사람은 그 후에도 성공이란 결과만을 붙잡고 늘어지다가 자신을 망치는 경우가 많다. 그렇게 되지 않기 위해서라도 담담하게 여러 번 도전하는 편이 낫다. 조용히 묵묵하게 도전을 계속해나가는, 진심으로 열의가 있는 사람이 되자.

●

한 방에 성공하길 바라지 말자.
승률이 10%라면 열 번 시도하면 된다.

'사적인 글'은

짧은 문장으로
승부한다.

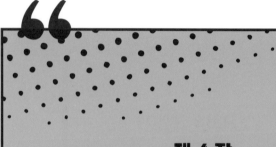

제 4 장
프로 작가가 글쓰기 전에
갖는 마음가짐과 준비

독자를 구체적으로
이미지화한다!

"

글에서 '팔고 싶다',
'돈을 벌고 싶다'는 감정이
배어 나오면 끝장이다

이번 장부터는 글로 먹고사는 프로 작가가 어떤 자세로 집필에 임하는지에 대해서 알기 쉽게 설명하고자한다.

당신은 글로 생계를 꾸려나가는 작가는 아닐지라도 적어도 간접적으로 글 덕분에 살고 있다. 직장에서 기획서나 서류를 작성할 때, 관공서에 신청서를 제출

할 때 등 글쓰기는 우리의 삶과 떼려야 뗄 수가 없다. 그래서 글을 쓰는 사람이라면 누구나 프로 작가의 자세에서 배울 점이 많다.

프로 작가는 글을 쓸 때 '팔고 싶다', '돈을 벌고 싶다'는 뉘앙스가 직접적으로 독자에게 전달되는 표현은 절대로 사용하지 않는다. 만일 사용했다면 반드시 어떤 의도가 있는 것이다.

'팔고 싶다', '돈을 벌고 싶다'는 마음을 글을 쓰는 동기로 삼는 것은 나쁘지 않지만 그것이 독자에게 그대로 전달된다면 글을 쓰기 위해 기울인 모든 노력은 물거품이 된다.

아마추어가 쓴 블로그나 트위터 게시글, 잡지 기사를 읽어보면 특히 인정받고 싶다는 분위기가 강렬하게 느껴지는 경우가 많다. 출판사에 큰돈을 지불하고 무리하게 출간한 아마추어의 책에서도 이러한 뉘앙스가 노골적으로 드러난다. 그럼 이렇게 돈을 벌고 싶다고 절규하는 사람들이 과연 성공했을까? 그렇지 않다. 일시적으로 남들보다 빠르게 성공한 것처럼 보일 뿐 이내 우리 눈앞에서 사라지고 만다.

이것이 프로와 아마추어의 큰 차이다. 어쩌면, 아니 꽤 높은 확률로 '팔고 싶다'는 마음은 프로가 아마추어보다 훨씬 더 강할 것이다. 다만 프로 작가는 이 모든 것을 집필 에너지로 소모해야 하고 독자에게 노골적으로 전달해서는 안 된다는 것을 이성적으로 인지하기에 이를 자제한다.

그렇다면 이러한 뉘앙스를 풍기지 않으면서 어떻게 하면 최종적으로 돈을 벌 수 있을까? '급할수록 돌아가라'는 속담처럼 역설적이지만 상대방의 영혼을 뒤흔드는 멋진 글을 쓰는 것 외에 방법은 없다. 그러려면 이 책을 꼼꼼히 읽고 제시한 글쓰기 요령을 실천하면서 최종적으로 습관화해야 한다.

●

'팔고 싶다', '돈을 벌고 싶다' 등의 욕심은
글에 드러내지 말고 마음속에 고이 담아두자.

'무엇을 쓸 것인지'보다
'누구에게 쓸 것인지'를 정한다

글을 쓰기 전에 '무엇을 쓸까?' 하며 팔짱을 끼고 곰 곰이 생각하는 사람이 많은데 이러고 있으면 어느샌 가 졸음이 밀려 온다. 나도 그런 경험이 있어서 누구 보다 잘 안다.

글을 쓰려는 사람이 눈을 감고 팔짱을 끼고 있는 것 은 시간 낭비다. 아무 생각도 하지 않으면서 마치 깊은 생각에 빠진 듯 스스로를 속이는 행위다. 과거 직장인 시절, 한 회의에서 눈을 감고 팔짱을 끼고 있는 사람들을 여러 명 지명한 적이 있는데 다들 화들짝 놀라서 횡설수설하기 바빴던 장면이 기억난다. 심지어 너무 놀란 나머지 의자에서 미끄러져 엉덩방아를 찧은 사람도 있었다. 눈을 감고 팔짱을 끼는 행동은 '아무 생각도 하지 않으니 제발 부르지 말라'는 방호 자세라는 것을 그때 알았다.

여기서 중요한 것은 이러한 버릇이 남일이 아니라 자신에게도 해당될 수 있다는 점이다. 당신도 무의식적으로 행하는 안 좋은 버릇이 있지 않은가? 프로 작가는 글을 쓸 때 팔짱을 끼고 '무엇을 쓸 것인지'를 고민하지 않고 그 시간에 '누구에게 쓸 것인지'를 정한다. 누구에게 쓸 것인지를 정하지 못하면 글을 쓸 수 없다.

경영 컨설턴트로 근무하던 시절의 후반기에 내 기획서는 거의 백발백중으로 통과되었다. 누구를 위해서 기획서를 쓸 것인지가 명확했기 때문이다. 기획서의 독자는 결정권자로 설정하고 쓰는 것이 좋다.

과장이나 부장이 창구일지라도 결정권자가 전무이사라면 전무이사를 대상으로 써야 한다. 창구인 과장이나 부장이 아무리 긍정적인 답변을 내놓아도 결정권자가 고개를 젓는다면 그것으로 끝이기 때문이다. 그래서 나는 최대한 전무이사에 대한 정보를 수집하고 때와 상황에 따라서는 사전 교섭을 벌이면서까지 이길 준비를 완벽히 갖춘 상태로 기획서를 제출해 통과라는 결과를 얻어낸다.

책을 쓸 때도 마찬가지다. 누구에게 쓸 것인지를 먼저 정하면 무엇을 쓸지는 저절로 정해진다. 다음은 그 사람을 위해서 연애편지를 쓰듯이 진심을 담아서 열심히 쓰면 된다. 글쓰기 직전은 팔짱을 끼고 한가로이 명상을 즐길 때가 아니다.

●

상대방을 이미지화해서 쓴 글과
그렇지 않은 글은 결과가 확연히 다르다.

'독자를 어떻게 움직이게
하고 싶은지'를 정한다

프로 작가는 글을 쓸 때 '무엇을 쓸 것인지'보다 '누구에게 쓸 것인지'를 중요하게 생각한다고 앞서 설명했다. 그런데 진정한 프로 작가는 이보다 더 앞을 내다본다. 바로 '독자를 어떻게 움직이게 하고 싶은지'를 정한다. '정한다'고 해도 사실 상대방이 그렇게 움직여줄지는 아무도 모르는 일이라 어디까지나 가설에 지나지 않지만 말이다.

사내 기획서 작성의 경우를 예로 들어보겠다. 과장이나 부장이 기획서를 중간 전달하는 창구일 경우에는 결정권자인 전무이사에게 결단을 요청해야 한다. 어떻게 쓰면 창구인 과장이 그 위의 부장에게 전달하기 쉽고 통과하기 쉬울까? 어떻게 쓰면 부장이 담당 임원에게 전달하기 쉽고 통과하기 쉬울까? 어떻게 쓰면 담당 임원이 결정권자인 전무이사에게 전달하기 쉽고 통과하기 쉬울까? 이 모든 것을 심사숙고해서 쓰는 것이 바로 통과하는 기획서를 작성하는 비결이다. 아무리 최종 결정권자가 좋아하는 기획일지라도 최종 단계까지 올라가는 과정 중 어느 한 단계에서 거절당하면 그동안의 노력은 모두 물거품이 된다. 어느 회사에서든 다반사로 일어나는 일이다.

나도 입사 초반에는 실수투성이였다. 기획서를 통과시키고픈 마음이 앞서 중간 창구인 과장이나 부장이 일방적으로 하는 말에만 집중했다. 그러나 그들을 움직이게 하려면 겉으로 내뱉은 말 외에 실제 행동들을 냉정하게 관찰해 그들의 진짜 속마음을 파악하는 것이 중요했다. 또 사내외에서 그들에 관한 정보를 가능하면 많이 수집하고 그들이 싫어하는 것은 절대로 기획서에 쓰지 않았다.

책을 집필할 때도 마찬가지다. 독자를 어떻게 움직이게 하고 싶은지를 생각하다보면 누구에게 무엇을 쓸 것인지가 더욱 명확해진다. 그다음은 그 사람을 위해서 모든 지식과 지혜를 아낌없이 공개하면 된다. '이렇게 움직였으면 좋겠다'까지 내다볼 수 있는 글은 상대방의 마음을 울릴 수밖에 없다. 실제로 나는 독자에게 '당신이 쓴 책을 읽고 사업가가 되었다', '비즈니스 책을 쓰는 작가가 되었다' 등 매년 반가운 소식을 전해 듣고 있다.

●

독자를 행동하게 만드는

글쓰기 기술을 습득하자.

'독자에게 어떤 습관을 들이고 싶은지'를 정한다

진정한 프로 작가는 '누구에게 쓸 것인지'보다 '독자를 어떻게 움직이게 하고 싶은지'를 중요하게 생각한다고 앞서 설명했다. 그런데 일류 프로 작가는 '독자를 어떻게 움직이고 싶은지'보다 더 앞을 내다본다. 바로 '독자에게 어떤 습관을 들이고 싶은지'를 정한다.

경영 컨설턴트로 근무하던 시절 고객이 다시 나를 찾는 재방문율이 높은 편이었다. 독립한 후에도 10년

이상 인연을 맺으며 관계를 유지하고 있는 기존 고객도 여럿 있다. 이는 내가 상대방에게 어떤 습관을 들이고 싶은지를 명확히 해왔기 때문이다. 솔직히 말해서 나는 단순히 고객의 재방문율을 높이려고, 오랫동안 그 관계를 유지해야겠다고 특별한 노력을 한 적은 별로 없다. 임기응변식 자세를 버리고 '내가 없더라도 알려준 내용을 고객 스스로 습관화할 수 있으면 좋겠다'라는 나름대로의 장인 정신 같은 것이 있었다.

게다가 나는 컨설턴트 경력직 채용 면접에 응시했을 때 나를 심사하는 면접관 전원에게 머지않은 미래에 회사를 그만두고 독립하겠다는 말을 했었다. 그러려면 고객에게 계속 일을 의뢰받기보다는 고객에게 습관을 들여 하루라도 빨리 나에게서 졸업시키는 편이 회사를 수월하게 그만둘 수 있는 방법이라 생각했다. 그런데 역으로 그런 모습에 반해서 나를 반복적으로 찾는 고객이 많아졌고 오랜 인연을 맺게 된 것이다.

이는 기획서를 쓸 때도 마찬가지로 통한다. 경영 컨설턴트가 매일 고객과 나누는 '보고, 연락, 상담'이 기획을 지속적으로 전달하는 것과 같기 때문이다. 기획서를 어떻게 쓸 것인지보다 기획서의 타깃에게 어떤 습관을 들이고 싶은지를 정해서 써보자. 그렇게 하면 기획이 더 날카로워지고, 전하고자 하는 메시지가 더욱 분명해질 것이다. 당신의 글을 읽은 상대방이 '잘 모르겠지만 이건 꼭 통과시켜야 한다'라고 느낀다면 당신도 일류 프로의 반열에 오른 것이다. 상대방의 습관화까지 내다본 기획은 과장, 부장, 담당 임원, 전무이사 등 결정에 관련한 모든 단계를 통과할 것이다. 나는 책을 집필할 때도 항상 경영 컨설턴트 시절에 기획서를 썼던 그 마음가짐으로 독자의 습관화까지 고려한다. 책의 주제에 따라서 매번 다르지만

이 책의 경우에는 독자가 '글쓰기를 습관화'하길 바라는 마음으로 썼다. 그래서 다소 냉소적이면서 정곡을 찌르는 말도 썼고 현실을 근거로 한 해결책도 제시했다.

●

상대방에게 좋은 습관을 만들어줄 수 있다면 당신은 일류 프로 작가의 반열에 오른 것이다.

'독자 인생을 어떻게
바꾸고 싶은지'를 정한다

일류 프로 작가는 '독자를 어떻게 움직이게 하고 싶은지'보다 '독자에게 어떤 습관을 들이고 싶은지'를 중요하게 여긴다고 설명했다. 그런데 초일류 프로 작가는 이보다 더 앞을 내다본다. 바로 '독자의 인생을 어떻게 바꾸고 싶은지'를 고려한다. 평범하게 태어난 사람이 특별한 인생을 살아가는 것은 매우 어려운 일이다. 대개가 평범하게 태어나 평범하게 살다가 평범하게 죽는다. 보통 우리는 빠르면 10대, 늦어도 30대에 '내 인생은 이런 것이다'라고 어렴풋이 깨닫는다. 자신의 꿈과 현실을 어느 정도 파악하게 되면서 특별한 것을 바라기보다 현실에 안주하는 경우가 많다.

물론 한 개인으로서 인생을 살다 보면 크고 작은 특별한 일을 경험할 것이다. 하지만 남들 눈에는 너무나도 사소해 보이는 일로 평범한 사람의 평범한 인생은 지루할 확률이 높다. 그런데 이는 인생을 바꿀 수 있는 방법을 모른 채 살아갈 경우의 이야기다. 공을 세우고 이름을 떨친 사람과 그 외에 다수의 평범한 사람의 결정적인 차이는 '습관'에 있다.

습관을 바꾸면 당신의 인생도 바뀐다. 지금 당신이 사는 인생은 평소에 아무렇지 않게 이어온 습관의 결과다. 멋없는 습관을 갖고 있다면 멋없는 인생을 살고 있을 것이고, 멋진 습관을 갖고 있다면 멋진 인생을 살고 있을 것이다. 사소한 이야기 같지만 실제로 그렇다.

이 책을 여기까지 읽은 당신은 이미 깨달았을지도 모른다. 습관을 바꾸고 싶다면 지금 이 순간의 행동을 바꿔야 한다. 지금 이 순간의 행동을 바꾸고 싶다면 사고방식을 바꿔야 한다.

나는 책을 쓸 때 반드시 다른 사람의 인생을 바꿀 각오로 임한다. '이렇게 바뀌게 하고 싶다'는 강한 신념이 있기에 '이렇게 움직이게 하고 싶다'는 생각에 이르고 '이렇게 움직이게 하고 싶다'의 다음 단계로 '이렇게 생각해 줬으면 좋겠다'에 이른다. 지금 '이렇게 생각해 줬으면 좋겠는' 상대방은 바로 당신이다.

●

글로써 상대방의 인생을 바꿀 수 있다면

당신은 이미 초일류 작가다.

모든 이에게 인정받으려는 글은
아무도 감동시키지 못한다

이 책을 집필할 당시 일본의 인구는 약 1억 2,700만 명으로 멕시코와 세계 10위를 다투는 수준이었다. 흔히 '세상 밖으로 눈을 돌려라'라고 말하는데 일본 사람들이 좀처럼 그러지 못하는 이유는 국내 시장에서 조달할 수 있는 인력과 조직이 충분하기 때문이다. 향후 일본뿐만 아니라 한국도 인구 감소 경향이 뚜렷해질 것이므로 국외로 눈을 돌려야 하는 시대가 다가올 테지만 적어도 사회 전반에서 지금 현역으로 활약하는 사람들에게는 그리 절박한 상황은 아니다. 물론 업종이나 업계에 따라 다르겠지만 향후 10년, 20년까지는 일본의 경우 국내 시장에서만 활동해도 상황이 나쁘지 않은 사람과 조직이 많다.

내 책도 한국, 중국, 대만, 베트남 등에서 40여 권 이상 번역 출판되었지만 일본 국내 시장이 얼마나 큰지 요즘 새삼 실감하고 있다. 예를 들어 일본에서 책을 읽는 세대의 인구가 1억 명이라고 하면 1%는 100만 명, 0.1%는 10만 명, 0.01%는 1만 명이라는 계산이 나온다. 자국민 1%가 읽어주면 기적의 밀리언셀러(100만 부 돌파)가 될 수 있고 0.1%라면 10만 부가 팔리는 베스트셀러가 될 수 있고 0.01%라면 1만 부 셀러로 충분한 이익을 낼 수 있다.

내가 글로 먹고살겠다고 결심했을 때 이 업계에서 장

기적으로 성공한 사람들을 조사해보았는데 1만 부 셀러를 담담하게 유지하고 있는 작가가 꽤 많다는 사실을 알아냈다. 즉 일본 자국민 0.01%가 꾸준히 읽어준다면 작가로 먹고 살 수 있다는 의미다. 내가 그러하듯 꾸준히 책을 출간하면 여러 권 중에 한 권 정도는 판매량 1만 부를 넘기거나 경우에 따라서는 10만 부 셀러를 기록할 수도 있다.

그런데 프로 작가로서 활동을 지속해나가려면 사실 최고점의 높이가 중요한 것이 아니라 평균이 관건이다. 이는 프로 스포츠 선수나 가수, 회사원에게도 그대로 적용된다. 최근에는 SNS를 통해서 자신의 글을 알리고 호소하는 사람들이 늘고 있는데 그중 두각을 나타내는 사람들에게서는 공통점을 발견할 수 있다. 모든 이에게 인정받기 위해서 아첨을 떨려는 발상 자체를 하지 않는다는 점이다. 누군가의 영혼을 뒤흔드는 예리한 글은 다른 누군가에게 상처를 주거나 화를 돋울 가능성도 있다. 어디까지나 당신은 당신의 글에 감동하는 상대방만을 위해서 담담하게 글을 쓰면 된다.

●

자국민 0.01%만 읽어줘도
글을 쓰며 먹고 살 수 있다.
그러니 부담을 내려놓고 글을 쓰자.

무결점의 글은
누가 읽어도 시시하다

비즈니스 관련 서류나 기획서, 기업 홈페이지, SNS와 관련한 글에 대해서 분명히 말할 수 있는 것이 하나 있다. 모두를 위한 무결점의 글은 시시하고 지루하다는 점이다. 아니, 좀 더 명확하게 말하자면 그런 글은 세상에 존재해서는 안 된다고 생각한다.

'이것도 옳고 저것도 옳다. 저마다 모두 옳다'고 하는 글을 굳이 쓸 필요가 있을까? 실제 그런 내용을 담은 책을 본 적도 있는데 무엇을 위해서 출판한 것인지 이해하기 어려웠다. 잘 팔리는 책이나 사람들이 읽어주는 글은 반드시 안티팬이 대량으로 발생한다. 이와 동시에 열혈팬도 생긴다.

나는 동종 업계 사람으로서 안티팬이 많은 작가를 보면 '꽤 하는군!' 하며 질투한다. 왜냐하면 내용의 옳고 그름을 떠나서 안티팬이 많은 책은 틀림없이 무언가 매력이 있기 때문이다. 안티팬은 나쁜 사람이 아니라 아픈 곳을 찔려 비명을 지르는 사람이라 생각하자. 안티팬이 갑자기 열혈팬이 되기도 하고 열혈팬이 갑자기 안티팬이 되기도 하는 것은 근본적으로 그 둘의 사고가 흡사하기 때문이다.

당신도 어떤 분야에서 프로로서 글을 쓴다면 무난한

글이 아니라 상대방의 영혼을 뒤흔드는 매력적인 글을 써야 한다. 읽는 사람이 적더라도 그들에게 울림을 주려는 용기가 있어야 글을 쓸 자격이 있다고 할 수 있다.

가령 나는 전자 제품의 취급 설명서도 영혼을 뒤흔들 수 있는 글이어야 한다고 생각한다. 글 읽기를 좋아해서 짬이 나면 취급 설명서도 천천히 읽어보는 편인데 지금까지 내 영혼을 뒤흔드는 취급 설명서는 만나지 못했다. '만일 내가 쓴다면 감동적인 취급 설명서를 완성할 수 있을 텐데' 하고 생각한 적도 있다. 지루하고 시시한 취급 설명서를 제작하느라 들인 비용은 상품 가격에서 제해줬으면 하고 바랄 정도다.

마침 이렇게 글을 쓰고 있는 도중 경영난에 시달리는 한 기업가로부터 문의 메일 하나가 도착했다. 메일에

링크된 홈페이지에 접속해보니 무결점 문장의 총출연을 마주할 수 있었고 '이러니 경영난에 빠지는 것도 당연하다'는 생각이 들었다. 당신도 이를 자신의 상황에 대입해 생각해봤으면 좋겠다. 직장에서나 인생에서 최고로 멋진 글로 승부를 보고 싶다면 무결점의 무난한 글 또는 모두에게 기분 좋은 글을 써서는 안 된다. 설령 반응이 예상과 빗나가더라도 좋으니 용기를 갖고 자신의 진정성 있는 생각을 관철시켜 나가야 한다.

●

안티팬이라고 해서 반드시 적은 아니다.
열혈팬과 종이 한 장 차이다.

비판받기 싫다면
돈 받고 글 쓰는 일은 처음부터
시작하지 않는다

나는 2016년 7월부터 음성 다운로드 서비스를 시작했다. 이는 세계 각국의 청취자로부터 질문을 받고 답을 해주는 서비스다. 세계 각국에서 날아드는 질문은 실로 다양한데 가장 놀라운 사실은 동종업계에서 책을 출판하는 작가의 질문이 의외로 많다는 점이다. 익명이라 속마음이 드러나는 질문도 종종 도착하는데 독자의 비판이 두려워 집필을 주저하는 작가가 의외로 많다는 사실을 알게 되었다. 블로그나 트위터를 통해 들어오는 글까지 포함하면 비슷한 고민을 하는 사람들이 상당하다.

이런 종류의 질문이나 상담에 대한 나의 대답은 명확하다. 비판받기 싫으면 돈 받고 글 쓰는 일은 처음부터 시작하지 않으면 된다고 답한다. 그러면 부담을 느낄 필요도 없다. 단 이것만은 알아두자. 프로 스포츠 선수도 시합 도중에 갑자기 관객석에서 퍼붓는 심한 욕설을 듣기도 하고, 지금은 잘나가는 가수일지라도 무명 시절에 무대에서 들어가라는 수모를 겪은 사람도 많다.

대접받기를 기대하기보다 비판받기를 두려워하지 않아야 진정한 프로가 될 수 있다. 인생에는 두 가지 코스가 있다. 남을 비판하면서 일생을 마감하는 '방관자 코스'와 남에게 비판받으면서 그것을 원동력으로 삼고 마침내 빛을 발하는 '주인공 코스'다.

어느 쪽을 선택할 것인지는 당신이 정하면 된다. 이는 선악의 문제가 아니라 좋고 싫음의 문제다. 마음의 소리에 귀를 기울이고 어느 쪽이든 좋아하는 코스를 선택하면 된다. 무리해서 자신을 속이면서까지 '주인공 코스'를 선택할 필요도 없고, 이건 아니다 싶은데 주위의 눈치를 보느라 '방관자 코스'를 선택할 필요도 없다.

나는 대학 시절 장래에 글로 먹고살겠다고 결심한 순간 주인공 코스를 걷기로 결정했다. 지금에 와서 그때를 되돌아보면 의심할 여지없이 나에게 딱 맞는 삶의 방식을 선택한 것 같다. 과거의 나에게 아주 잘했다고 칭찬해 주고 싶을 정도다.

아직도 비판이 두렵다고 말하는 당신에게 한 가지 전하고 싶은 것이 있다. 비판은 시간이 지나면 언젠가 사그라들기 마련이다. 범죄를 저지른 것이 아니라면 화제를 불러일으켰다 해도 끝까지 그 상태가 이어지지는 않는다. 비판의 특성은 그런 것이고 비판이 두려워서 자신의 꿈을 포기하는 것은 참으로 안타까운 일이다.

●

**영원한 비판은 없다.
다른 사람의 평가에
과도하게 신경 쓰지 말자.**

프로 작가의 글에
필요한 것은

대담한 **용기**와
독자에 대한
애정이다.

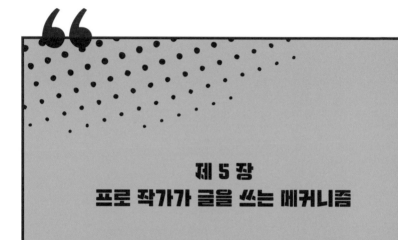

제 5 장
프로 작가가 글을 쓰는 메커니즘

GOOD!!

제일 먼저
가상의 제목을 정한다

나는 책을 집필할 때 제일 먼저 가상의 제목을 정한다. 출판사에서 먼저 정해서 보내주는 경우가 많은데 그것을 어떻게 조리하느냐는 전적으로 나에게 달렸다. 물론 출판사에서 보내준 가상의 제목이 마음에 들지 않는 경우에는 내가 변경하기도 한다. 마음에 들지 않는 제목을 그대로 두면 좋은 글을 쓸 수 없다는 것을 경험상 잘 알고 있기 때문이다. 어쨌든 가상의 제목이 일단 마음에 들면 그것만으로도 집필 모드 스위치에 불이 켜진다.

나는 집필 의뢰 메일이 도착하고 그 일을 맡겠다고 결정한 순간부터 글 쓰는 일 외에 하고 있던 모든 일에서 손을 뗀다. 그리고 온몸의 세포를 집중시켜 가상의 제목을 정한다. 그런 후에야 완벽하게 집필 모드로 돌입할 수 있다.

꼭 책 집필에만 해당되는 내용은 아니다. 책을 쓰고 싶은 생각이 없을지라도 업무상 글을 쓸 기회는 많을 것이다. 기획서를 작성할 때도 가상의 제목은 빠뜨릴 수 없는 요소다. 이에 따라서 당신이 앞으로 어떤 내용으로 기획서를 채워나갈지가 결정되기 때문이다.

나는 경영 컨설턴트로 근무하던 시절에도 '업무 네이

밍', 즉 '프로젝트명'을 중요시했다. 프로젝트명이 촌스러우면 업무 자체가 촌스러워지고 구성원의 활동도 촌스러워지고 결과물 또한 촌스러워진다. 거의 예외는 없다. 반대로 프로젝트명이 멋지면 결과물도 멋지게 완성될 가능성이 높다.

●

가상의 제목이나 프로젝트명이 재미있으면 그 미션은 반드시 성공한다.

프롤로그에 모든 것을
쏟아붓는다

책은 물론 서류를 작성할 때 우리는 읽는 사람의 관심을 끌거나 구미가 당길만한 프롤로그(머리말)를 쓰곤 한다. 쓰는 사람과 달리 읽는 사람은 앞 부분을 훑어보고 더 읽을지 말지를 결정하는 경우가 많기 때문에 프롤로그에서 승부가 결정된다고 해도 과언이 아니다. 이 부분이 지루하면 더 읽어봤자 시간 낭비라는 판단을 내릴 수 있다. 책뿐만 아니라 기획서나 비즈니스 서류 전반에도 해당하는 내용이다. 이는 지금껏 만났던 경영 간부들이 서류를 읽는 모습을 직접 목격하고 깨달은 사실이다.

경영 간부들은 수많은 경험을 통해 제목과 프롤로그가 지루한데 본문 후반부에서 갑자기 재미있어질 리가 없다는 것을 잘 알고 있다. 설령 기적적으로 본문 후반부부터 흥미진진해지는 기획서가 있다고 해도 후반부까지 읽는 것 자체를 시간 낭비라고 생각한다.

그래서 나는 집필할 때 프롤로그부터 쓴다. 타이틀에서 연상되는 내용 중 가장 순도 높은 경험과 지혜를 프롤로그에 쏟아붓는다. 책에 따라서 프롤로그를 본문의 일부인 첫 장으로 구성하는 책도 있는데 이는 매우 훌륭한 아이디어다. 간혹 프롤로그를 귀찮은 머리말 정도로 치부하는 사람도 있지만 이는 잘못된 생각이다. 만일 프롤로그를 귀찮은 머리말로 치부하고 억지로 대충 쓴다면 독자도 비슷한 감정을 느끼고 프롤로그 페이지에서 더는 책장을 넘기지 않을 것이다. 쓰는 사람이 지루하다고 느낀 글을 읽는 것만큼 고통스러운 일이 또 있겠는가?

그래서 나는 편안한 상태에서 프롤로그를 단숨에 써 내려간다. 단숨에 완성한 프롤로그는 읽는 사람도 단숨에 읽을 수 있다. 단숨에 읽을 수 있다는 것은 재미있다는 뜻이다. 극단적일 수 있지만 프롤로그에 자신의 모든 것을 쏟아붓고 기진맥진해져도 괜찮다. 나는 프롤로그를 다 쓰고 나면 심리적으로 집필의 절반 정도는 끝낸 것 같다. 책 한 권을 쓴다는 것은 금세 할 수 있는 일이 아니지만 프롤로그는 400자 원고지 3장이면 충분할 정도로 분량이 적기에 집중만 하면 누구나 쉽게 작성할 수 있다.

●

독자들은 프롤로그를 읽고

더 읽을지 여부를 곧바로 결정한다.

에필로그는 필요 없다

최근 들어 책에서 에필로그를 마주하는 일이 줄었는데 사실 에필로그는 없어도 그만이다. 나도 예전에는 출판사의 지시에 따라 에필로그를 썼는데 어느 순간부터 자연스레 쓰지 않고 있다. 편집 단계에서 편집자가 본문의 일부를 에필로그로 이동시키는 경우는 있어도 내가 먼저 쓰는 일은 거의 없다.

에필로그에는 보통 아쉬운 점이나 감사 인사를 쓰곤 하는데, 언급된 당사자는 만족스러울지 모르지만 나는 출판에 도움을 준 사람들이나 가족에 대한 감사 인사를 책의 페이지를 할애해 쓰는 것이 왠지 불편하다. 이러한 인사는 지면을 통해서가 아니라 개인적으로 전했으면 좋겠다. 어떤 편집자는 자기 멋대로 자신의 이름을 에필로그에 넣고 주작으로 감사 인사를 길게 써넣기도 한다. 이직할 때 필요해서 그러는 것일까? 이런 생각도 든다. 아무튼 독자가 책에 시간과 돈을 지불하는데 이런 감사 인사가 담긴 에필로그는 독자와 아무런 관련이 없다. 책은 시간과 돈이라는 대가를 지불한 독자의 것이지 그 이외의 누구의 것도 아니다.

에필로그를 위한 에필로그를 쓸 시간이 있다면 본문의 내용을 좀 더 가다듬는 것이 낫고 본문 집필이 끝

낳다면 그다음은 겸허하게 독자의 비판을 기다려야 한다. 승부가 끝난 다음에 '이랬으면 좋았을 텐데…', '저랬으면 좋았을 텐데…'라며 미련을 버리지 못하는 것은 구차한 핑계일 뿐이다. 차라리 '본문의 종료=끝맺음'으로 구성하는 편이 독자에게 긍정적인 아쉬움을 남게 할 수 있기에 더 낫다. 당신의 매력 또한 배가 될 것이다.

글이라는 것은 글을 쓴 사람의 인품을 드러내므로 절제하는 것도 중요하다. 글이 집요한 사람은 본성 역시 집요하다. 글이 떳떳한 사람은 본성도 떳떳하다. 나는 지금까지 많은 경영자들을 가까이서 봐왔는데 사람의 인성이나 가치는 물러날 때 드러난다고 해도 과언이 아니다. 현역 시절에 아무리 훌륭한 실적을 남겼어도 물러날 때 처절하면 처절한 인생이 펼쳐진다. 현역 시절에 눈에 띄는 실적을 남기지 못했어도

물러날 때 떳떳하면 떳떳한 인생이 펼쳐진다. 당신
도 반드시 물러날 때의 중요성을 충분히 이해하길 바
란다.

●

에필로그를 쓸 여유가 있다면
본문 내용을 더 살펴라.

본문의 소제목은
광고 카피처럼

본문의 소제목이란 이 책을 예로 들면 '36. 본문의 소제목은 광고 카피처럼'과 같은 문구를 가리킨다. 소제목이 광고 카피처럼 읽기 쉽고 깊은 인상을 남기는 것이라야 본문에 관심을 갖는다. 이는 글을 읽는 사람에 대한 글을 쓰는 사람의 매너이기도 하다. 나는 소제목 작성에 신경을 많이 쓰기에 내 책의 독자들은 목차를 쓱 훑어보는 것만으로도 책의 내용을 대략적으로 파악할 수 있을 것이다.

물론 천천히 음미하듯 책을 보는 것도 좋은 독서 방법이지만 짧은 시간 안에 전체적인 내용을 먼저 독파하고 책이 전하는 메시지를 바로 행동으로 옮기면서 본문을 읽는 것도 책을 즐기는 또 다른 방법이다. 짧은 시간 안에 다 읽고 곧바로 행동으로 옮기고 싶어지는 글은 심플하면서도 깊이가 느껴진다는 특징이 있다.

이러한 특성을 가진 글의 가장 대표적인 예가 바로 뛰어난 광고 카피다. 카피를 공부하려면 지하철 안의 광고판이나 텔레비전 CF 등을 의식적으로 관찰하는 것부터 시작하면 좋다. 그리고 가능하다면 지인들과 광고나 CF에 등장하는 멘트 중 좋았던 것을 상세한 이유와 함께 논의하면 더 효과적이다. 주변에 그런 사람이 한 명도 없다면 스스로 책을 읽거나 관련 강의를 신청해서라도 공부해야 한다. 광고 관련 서적을 살펴보는 것도 좋은데, 그중에서도 카피라이터가 직접 쓴 비즈니스 서적을 추천한다. 많이 읽다 보면 점차 무엇이 촌스러운지, 무엇이 세련됐는지 그 차이를 확연히 구분할 수 있을 것이다.

당신이 어느 정도 공부를 했다면 반드시 깨닫게 될 테지만 미리 알려주고 싶은 것이 있다. 좋은 반응을 대놓고 기대하는 듯한 카피는 오히려 불쾌감을 준다는 점이다. '어때? 감동했지?', '이 카피 대박이지?'와 같은 뉘앙스가 노골적으로 표출되면 촌스럽다. 세련된 광고 카피는 아마추어도 쓸 수 있겠다는 오해를 불러일으킬 정도로 심플하고 평범하다. 하지만 마음을 끌어당기는 무언가가 분명하게 느껴진다.

센스 있는 글을 쓰기 위해서는 세련된 광고 카피를 많이 접하고 주변 사람과 끊임없이 논의를 거듭하면서 수많은 카피를 직접 써보기도 해야 한다. 100가지 정도를 쓰면 101번째 즈음에 다른 사람이 인상 깊게 봐주는 카피를 뽑아낼 수 있을 것이다.

●

**심플한 광고 카피가
사람의 마음을 울린다.**

본문은 물 흐르듯이 쓴다

본문의 소제목은 보통 그대로 책의 목차가 되며, 본문의 내용은 소제목에서 물 흐르듯이 저절로 나온다. '본문'이란 지금 당신이 읽고 있는 이 부분을 가리킨다.

많은 직업 작가들은 목차를 구성하고 소제목을 정하는데 시간과 공을 들이지만 본문 작업은 눈 깜짝할 사이에 끝낸다. 옆에서 보고 있으면 손가락이 제멋대로 움직여서 글을 쓰는 것처럼 보이기도 한다.

나 또한 글을 쓰는데 몰두하면 때때로 내 손가락이 마치 다른 인격체가 되어서 제멋대로 움직이는 것처럼 느껴지기도 한다. 특히 본문을 쓸 때는 기승전결을 의식하지 않고 의식의 흐름대로 빠르게 쓴다. 그러다 보면 곧장 결론에 이른다. 결론은 정해놓고 쓰는 것이 아니라 쓰는 도중에 결정되는 편이다. '아, 이런 결론이 되었구나. 예상 밖이군' 하며 놀라는 경우도 있다. 글을 쓰는 도중에 갑자기 어떤 깨달음을 얻거나 참신한 아이디어가 떠오르기도 해서 스스로가 내 책의 독자가 된 기분을 느낄 때도 있다.

그럼 어떻게 하면 물 흐르듯이 글을 쓸 수 있을까? 정답은 열성을 다해서 쏟아내기(output)와 채우기

(input)를 순서대로 반복하면 된다. 일단 쏟아내기로 당신의 모든 것을 글로 토해낸다. 그렇게 해서 빈 껍데기와 같은 상태가 되고 나면 이번에는 간절하게 채우고 싶어질 것이다. 이때 써 내려간 글을 다시 한번 찬찬히 살피며 부족한 부분을 채워나간다. 마치 호흡과 비슷하다. 일단 숨을 깊게 내쉬면 그때 비로소 더 깊은 숨을 들이마실 수 있는 것처럼 말이다.

쏟아내기의 수단으로는 블로그나 트위터와 같은 SNS를 활용하는 것도 좋다. 필명을 사용하면 아무도 당신인지 모를 테니 마음에 담아놓았던 것을 모조리 쏟아낼 수 있다. 당신의 속마음을 계속 쏟아내면 가만히 있어도 사람들은 당신의 글을 평가해 줄 것이고, 그다음 단계로 당신은 간절하게 채우고 싶어질 것이다.

‘쏟아내기 → 채우기’의 순서만 잘 지킨다면 성장은 빠르다. 많은 양을 쏟아내면서 더 많은 양을 채우자. 그러다 문득 정신을 차려보면 당신도 물 흐르듯이 글을 쓰고 있을 것이다.

●

**‘쏟아내기 → 채우기’를 반복하다 보면
부담 없이 편하게 글을 쓰게 된다.**

자신이 평소에 쓰지 않는
어휘는 지양한다

글은 어찌보면 살아 움직이는, 생명이 깃들어있는 생물과도 같다. 과거에 서양 문화를 받아들이려고 했을 때 다양한 문제가 발생한 이유는 글이나 문화도 유기물이자 생물이기 때문이지 않았나 싶다.

글이나 문화와 같은 유기물은 돌이나 콘크리트, 금속 조각 등의 무기물처럼 자르고 붙이는데 익숙하지 않아 길들이기 어렵다. 따라서 글에 당신이 평소에 쓰지 않는 어휘나 한자를 구사하면 그 부분만 전체에서 둥둥 떠버리고 만다. 모처럼 어려운 어휘와 한자를 썼지만 다른 문장과 조화를 이루지 못하기에 어설픈 글솜씨만 들통나게 된다.

'뭔가 이상해. 이런 글을 쓰는 사람은 이런 어휘를 쓰지 않는데 말이야. 어디서 복사해서 붙였나 봐.' '갑자기 왜 이런 어려운 한자를 썼을까? 그것도 일부러 말이야. 혹시 한자에 콤플렉스라도 있나?' 읽는 사람이 이런 의심을 품게 되면 단숨에 신뢰를 잃는다.

따라서 어쩌다 알게 된 어휘와 한자는 가급적 능숙하게 구사할 수 있을 때까지 얼마간의 시간을 두는 편이 좋다. 얼마간의 시간이란 남들 앞에서 자주 써보거나 검색을 통해서 다양한 예문을 충분히 익히는 등의 노력을 거쳐 마치 자신의 신체 일부처럼 익숙해질 때까지를 말한다. 일상에서 딱히 의식하지 않아도 저절로 쓸 수 있게 되면 합격이다. 그런데 솔직히 말하면 그렇게까지 해서 굳이 어려운 어휘나 한자를 쓸 필요는 없다.

어려운 어휘를 쓰고 싶은 이유는 아마 지적으로 보이고 싶어서일 것이다. 교양이 풍부해서 저절로 지성이 배어 나온다면 이야기는 달라지겠지만 그렇지 않다면 평이한 어휘를 구사해서 알기 쉽게 쓰는 편이 낫다. 어휘는 대학 입시에 출제되는 수준을 유지해야 글의 내용을 전달하기 쉽고, 독자로 하여금 호감을 얻을 수 있다. 가장 교양 있는 글쓰기 방법은 글의 가장 중요한 부분에 절묘하게 고급 어휘를 약간만 써넣는 것이다. 자신의 어휘나 한자 실력의 70~80% 정도를 발휘해 글을 쓰는 것이 딱 적절한 안배다.

●

무리하지 않는 것이

읽기 쉬운 글을 쓰는 하나의 방법이다.

체력을 기른다

앞장에서 글은 살아 움직이는 생물과도 같다고 설명했는데 나아가 글을 쓴 사람의 '생명의 일부분'이라 해도 과언이 아니다. 글에는 작가의 생명력과 체력이 그대로 반영된다. 이는 과거에 문호라 불렸던 사람들의 글을 읽어보면 명확하게 알 수 있다.

아쿠타가와 류노스케(일본 소설가)의 《톱니바퀴(歯車)》

를 읽어보면 편두통을 앓으면서 집필했다는 것이 느껴지고 《어느 바보의 일생(或阿保の一生)》을 읽어보면 죽음을 마주한 상태에서 집필했다는 것이 그대로 전해진다.

아쿠타가와 류노스케만이 아니라 자살로 생을 마감한 문호들이 생전에 쓴 글은 대부분 슬프고 아프다. 슬프고 아팠기에 죽음과 마주하며 예술혼이 깃든 작품을 완성할 수 있었던 것일까? 그런 의미에서 미시마 유키오(일본 소설가로 본명은 히라오카 기미타케다. 대표작으로는 《금각사(金閣寺)》 등이 있다.-옮긴이)나 어니스트 헤밍웨이(미국의 소설가) 등은 작가의 체력과 글 사이에 밀접한 관계가 있음을 잘 알고 있었던 것 같다. 미시마 유키오는 '박력 넘치는 글을 쓰려면 헤밍웨이처럼 강인한 육체가 필요하다'라고 확신하며 운동을 시작했었다. 헤밍웨이는 젊은 시절엔 체력이 좋아 박력 넘치는 글을 썼지만 말년엔 몸이 매우 수척해졌고 그런 그의 체력은 당시 써 내려간 글에 그대로 반영되기도 했다.

나는 학창 시절부터 책을 통해서 작가의 체력과 글의 질 사이에 상관관계가 있음을 알았다. 그래서 수면 시간은 절대로 타협하지 않고 매일의 피로를 풀어주는 마사지도 잊지 않는다. 수면 부족이나 어깨 결림은 만병의 근원으로 몸이 병들면 건강한 글을 쓰는데 치명적이기 때문이다.

몸이 원하는 음식이 있으면 바로 섭취하고 졸리면 바로 자는 등 알람시계를 쓰지 않는 생활 패턴을 유지하고 있다. 피로가 과하게 남지 않을 정도의 적당한 유산소 운동과 심신에 좋은 근력 운동을 하고, 잠자리에 들기 전에 목을 부드럽게 풀어주는 마사지를 한다. 이를 습관화해서 현재 나의 몸 상태는 매우 좋다. 건전한 몸에서 건전한 글이 탄생한다고 굳게 믿고 있다.

당신도 자신의 생명력이 깃든 글을 쓰고 싶다면 무엇보다 수면과 식사는 절대 현실과 적당히 타협해서는 안 된다. 균형 잡힌 식사와 숙면으로 튼튼한 체력을 기르자. 체력이 좋아지면 당신의 능력을 최대한 발휘할 수 있을 것이고, 그 결과 매력적인 글이 탄생할 것이다. 당연히 직장과 가정에서도 내실 있는 일상이 시작될 것이다. 체력 관리는 모든 일의 출발점이다.

●

체력에 따라서 글의 질이 달라진다.

지금 당장 조사해야 하는
주제로는 글을 쓰지 않는다

학창 시절 작가가 되어야겠다고 결심한 후 다작가 (多作家)라 불리는 사람들을 조사해본 결과 의외의 공통점을 발견할 수 있었다. 매년 다량으로 책을 내는 작가들은 지금 당장 새롭게 조사해야 하는 주제로는 글을 쓰지 않는다는 점이다. 얼핏 들으면 성의 없다고 느낄 수도 있는데 이는 오해다.

'지금 당장 조사해야 하는 주제로는 글을 쓰지 않는다'라는 말을 해석하면 책을 쓰지 않을 때 엄청난 양의 영감과 글감 채우기를 하고 있다는 것이다. 채우기를 열심히 하지 않는 작가가 쓴 책은 지루하다. 그러면 출판사로부터 재의뢰가 들어오지 않을 테니 다작을 할 수 없다. 즉 다작가는 평소에 방대한 양의 채우기를 하기에 집필을 시작하면 머릿속의 서랍을 열어서 그동안 모아둔 글의 재료를 활용한다. 따라서 단숨에 물 흐르듯이 글을 쓸 수 있는 것이다.

이런 결심을 하는 것은 평생 공부 삼매경에 빠져서 살겠다는 결단이기도 하다. 나 또한 책을 쓰면서 살겠다고 마음먹은 순간부터 공부 삼매경의 인생을 걸고 있다. 집필하는 동안에는 공부를 하지 않고 공부하는 동안에는 집필을 하지 않겠다고 정한 것이다. 그 결과 첫 데뷔작을 시작으로 1년 차에 한 권, 2년

차에 두 권, 3년 차에 네 권, 4년 차에 여섯 권, 11년이
지난 지금은 총 백여 권 이상의 책을 출판했다.

나는 매년 주제를 정해서 새로운 분야에 대한 공부를
한다. 공부라는 것은 참 흥미롭다. 하면 할수록 습득
속도는 빨라지지만 동시에 모르는 것이 무한대로 많
아져서 평생 해도 부족할 것 같단 생각이 들곤 한다.
이렇게 모순되는 특성이 공부의 매력인 것일까?

어느 해엔 지리 공부를 하고, 이듬해엔 경제 공부를
하고, 그 다음해엔 세계사 공부를 하다 보면 모든 것
이 서로 연결된다는 느낌을 받는다. 평론문과 수학도
공부하다 보면 어느 접점에선가 만나고 이어진다. 결
국 나는 명명할 수 없는 한 가지에 대해 공부를 하고
있었다는 생각에 다다른다.

이 책은 내가 그동안 지속해온 공부와 공부 사이에 탄생한 것이다. 따라서 앞으로 내가 써나갈 작품은 모두 그러한 과정에서 탄생한 결과물이라고 할 수 있겠다.

●

**평소에 다방면의 공부를 즐기며
'무적의 글쓰기'를 익히자.**

CHECK

글을 쓰지 않을 때
열심히 공부하고

글을 쓰기 시작했다면
단숨에 쏟아내라.